보고서
말이되게 써라

# 보고서
## 말이 되게
## 써  라

**초판 1쇄 인쇄** 2024년 5월 14일
**초판 1쇄 발행** 2024년 5월 21일

**지은이** 김철수
**펴낸이** 이종두
**펴낸곳** (주)새로운 제안

**책임편집** 엄진영
**디자인** 보통스튜디오
**영업** 문성빈, 김남권, 조용훈
**경영지원** 이정민, 김효선

**주소** 경기도 부천시 조마루로385번길 122 삼보테크노타워 2002호
**홈페이지** www.jean.co.kr
**쇼핑몰** www.baek2.kr(백두도서쇼핑몰)
**SNS** 인스타그램(@newjeanbook), 페이스북(@srwjean)
**이메일** newjeanbook@naver.com
**전화** 032) 719-8041
**팩스** 032) 719-8042
**등록** 2005년 12월 22일 제386-3010000251002005000320호

**ISBN** 978-89-5533-654-2 13320

보고서를 작성하거나 검토하는 모든 직장인이 꼭 알아야 하는 내용

# 보고서
# 말이 되게
# 써  라

김철수 저

새로운 제안

요즘은 인터넷만 검색해도 보고서 목차나 서식을 찾을 수 있습니다. 항목별 예문이나 예시도 많아서 얼마든지 참고할 수 있습니다. ChatGPT 같은 생성AI가 보고서를 대신 써 주기도 합니다. 이런 시대에 보고서 못 쓰는 직장인은 없습니다. 그런데 보고서가 말이 되게 쓰는 직장인도 많이 없습니다.

상사가 항상 이런 말을 합니다.

"무슨 말인지 모르겠다."
"말이 앞뒤가 안 맞다."
"그래서 하고 싶은 말이 뭐죠?"

이게 도대체 무슨 말일까요? 우리는 보고서를 잘 썼다고 생각하지만 상사는 어김없이 무슨 말인지 모르겠다고 하고 앞뒤가 안 맞다고 하고 그래서 하고 싶은 말이 뭐냐고 묻습니다. 왜 그런 걸까요?

첫째, 상사가 보고서를 보면서 무슨 말인지 모르겠다고 하는 이유는 작성자가 엉뚱한 글을 썼기 때문입니다. 직장인의 보고서에는 목차나 항목명으로 사용하는 용어가 정해져 있습니다. 문제, 배경, 목적, 원인, 현황, 전략, 과제, 업무, 계획, 실적, 성과, 특징, 장점 같은 것들입니다. 이런 용어는 모두 명확한 의미와 작성법이 있습니다. 그런데 배경에다가 목적을 쓰고, 전략에다가 과제를 쓰고, 실적에다가 성과를 쓰니까 무슨 말인지 모르겠다는 겁니다. 보고서 용어부터 제대로 이해하고 써야 보고서가 말이 됩니다. 이 내용은 1장에서 다룹니다.

둘째, 상사가 보고서를 보면서 말이 앞뒤가 안 맞다는 하는 이유는 작성자가 논리를 모르고 쓰기 때문입니다. 아무리 간단한 보고서라도 보고서는 논리적이어야 합니다. 그런데 많은 직장인이 논리적인 보고서를 잘 못 씁니다. 보고서 논리가 정확히 뭔지 몰라서 그렇습니다. 인터넷에 많이 나오는 하버드 보고서 작성법 같은 것은 대학생의 에세이 쓰는 법이지 직장인의 보고서 쓰는 법이 아닙니다. 가설을 수립하고 문제 해결 과정을 적는 것도 대학에서 논문 쓸 때 쓰는 거지 직장에서 보고서 쓸 때 쓰는 게 아닙니다. MECE나 Logic tree 같은 것도 컨설팅 프레임워크 중 하나이지 보고서 논리는 아닙니다. 보고서의 논리는 주장, 판단, 사실, 자료입니다. 이 논리로 써야 말이 됩니다. 이 내용은 2장에서 다룹니다.

셋째, 상사가 보고서를 보면서 그래서 하고 싶은 말이 뭐냐고 묻는 이유는 핵심이 없거나 잘 드러나지 않아서 그렇습니다. 보고서는 항상 핵심이 있어야 합니다. 핵심은 빠르게 조사하고 정확히 분석해야 나옵니다. 상대를 고려해서 내용을 표현해야 하고자 하는 말이 핵심으로 드러납니다. 핵심 얘기하면 두괄식으로 쓰면 된다고 오해하는 사람도 많습니다. 두괄식으로 쓴다고 해서 상사가 핵심을 이해하는 것이 아닙니다. 미괄식으로 써도 내용만 잘 표현하면 얼마든지 메시지를 따라 가며 핵심을 더 잘 이해할 수 있습니다. 이 내용은 3장과 4장에서 다룹니다.

그런데 말이 되는 보고서를 쓰는 건 오로지 작성자의 책임일까요? 그렇지 않습니다. 처음부터 보고서 작성을 지시한 사람이 제대로 지시해야 합니다. 엉뚱한 걸 엉뚱하게 시켜 놓고 보고서가 제대로 올 걸 기대하면 안 됩니다. 중간 보고를 검토할 때도 마찬가지입니다. 제대로 지적해야 작성자가 제대로 수정하고 보완해서 가져옵니다. 별거 아닌 것을 지적하면 작성자는 별거 아닌 걸로 시간만 끕니다. 제대로 지시하고 제대로 검토해야 제대로 보고받을 수 있습니다. 내용 검토는 1~4부에서도 조금씩 담았으며, 체계적인 지시와 검토는 5부에서 다룹니다.

좋은 상품을 좋은 포장에 담듯이 일을 잘했으면 보고서, 기획서, 제안서에 내용을 잘 담아야 합니다. 사실 일을 제대로 했으면 보고서도 제대로 나옵니다. 그런데 보고서 쓰는 몇 가지 기술을 몰라서 일은 잘해 놓고 보고서 조금 못 써서 혼나는 직장인이 있습니다. 참 안쓰럽습니다. 그래서 이 책을 썼습니다.

2024년 1월

늘 말이 되는 얘기하는 아내와

말이 안 되는 얘기하는 딸들을 위해 쓰다

# 목차

Chapter

# 1

# 보고서 용어를
# 이해하고 쓰자

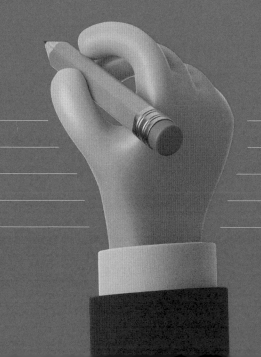

# 1

# 보고서 쓰는 목적을
# 알고 쓰자

한 직원이 보고와 관련해서 이런 말을 한답니다.

- 보고서를 굳이 써야 하나?
- 말로 하면 되지 굳이 글로 써야 하나?
- 다들 아는 내용인데 굳이 보고서로 보고해야 하나?

그런데 이런 말은 옛날 사람도 했습니다. 1980년대에 직장 다
닌 사람도 투덜거리며 보고서를 썼습니다. 예나 지금이나 왜 보고
서를 쓸까요? 아니, 왜 보고를 할까요? 보고하는 근본 목적을 이해

해야 보고서를 잘 쓸 수 있습니다.

일이란 것은 문제를 해결하는 과정입니다. 직장인은 모두 문제를 해결하고 월급을 받습니다. 이 말은 누구나 문제를 해결할 수 있다는 말입니다. 예를 들어 온라인 쇼핑몰을 운영하는 기업에 고객이 물건이 안 왔다며 항의한다고 해보겠습니다. 이 문제는 말단 직원부터 CEO까지 누구나 해결할 수 있습니다. 그런데 이런 문제가 자꾸 생긴다면 CEO는 이 문제와 관련해 보고를 지시합니다.

CEO는 자기가 문제를 해결할 수 있지만 이 일과 관련한 부서나 담당자가 문제를 더 좋은 방법으로 해결할 수 있을 거라 생각합니다. CEO가 생각한 방법보다 더 좋은 방법을 현장에서 가져올 거라 믿습니다. 그래서 보고를 지시하는 겁니다.

문제를 해결하는 더 좋은 방법을 한 글자로 안案이라고 합니다. '기획안', '방안', '제안' 등에 쓰는 안案은 편안할 안安과 나무 목木을 합한 것입니다. 나무는 책상입니다. 책상 앞에서 생각하고 궁리하는 것을 뜻합니다. 문제를 해결할 더 좋은 방법을 찾는 모습입니다.

직장인은 문제를 해결할 더 좋은 방법을 항상 두 사람에게 제시합니다. 상사와 고객입니다. 상사에게 더 좋은 방법을 제시하는 것이 **기안**起案이고, 고객에게 더 좋은 방법을 제시하는 것이 **제안**提案입니다.

기획서를 쓰면서 파일로 저장할 때 간혹 파일명을 'OO기획안'

이라고도 쓰고 'OO기획(안)'으로도 씁니다. '안'을 그냥 쓰기도 하고 괄호 안에 집어넣기도 합니다. 이때 의미가 다릅니다. 괄호 안에 들어간 안은 아직 결정되지 않은 안을 말합니다. 괄호가 없는 안은 결정이 났다는 뜻입니다.

- OO기획(안).pptx → 어떤 안을 할지 아직 결정되지 않음
- OO기획안.ppt → 어떤 안을 할지 결정됨

지시를 하는 목적은 문제를 해결할 더 좋은 방법을 찾기 위함입니다. 보고를 하는 목적은 문제를 해결할 더 좋은 방법을 제시하기 위함입니다. 보고서는 문제를 해결할 더 좋은 방법을 검토한 내용을 담기 위함입니다.

주간업무보고 같은 것에는 안을 붙이지 않습니다. 주간업무보고는 지난주에 무슨 일을 했고 이번주에 무슨 일을 할 것인지 내용만 전달하기 때문입니다. 문제를 해결할 더 좋은 방법을 찾는 것도 아니고 검토하는 것도 아니고 제시하는 것도 아니기 때문에 '주간업무보고안' 같은 말은 쓰지 않습니다.

상사에게 문제를 해결할 더 좋은 방법을 제시하는 것이 기안이라 했습니다. 이때 **기안**은 미래에 할 일을 올리는 겁니다. 과거에 한 일을 올리는 것은 **품의**라고 합니다. 품의는 어떤 일이나 사건에

대해 논의하는 것인데 주로 과거의 일이나 사건을 다룹니다. 품의는 과거의 일, 기안은 미래의 일이라고 생각하면 됩니다. 물론 요즘에는 품의 대신 건의라는 말을 쓰기도 합니다.

  기안이든, 품의든, 건의든, 지시를 하든, 보고를 하든, 보고서를 쓰든 항상 문제를 해결할 더 좋은 방법을 찾아야 한다는 겁니다. 보고서, 기획서, 제안서를 쓰는 일은 문제를 해결할 더 좋은 방법을 찾는 과정입니다. 단순히 글이나 문서를 만드는 일이 아닙니다.

# 2 배경이 뭔지 제대로 알고 쓰자

보고서, 기획서, 제안서 목차를 보면 항상 맨 처음에는 배경이 나옵니다. '사업배경', '추진배경', '제안배경'처럼 앞에 수식하는 단어를 붙이거나, '배경 및 목적'처럼 배경에 목적을 추가해서 한 항목으로 만들어 쓰기도 합니다. 이때 배경을 어떻게 써야 하는지 잘 모르는 사람이 많습니다. 예를 들어 한 기초지자체 공무원이 '자전거 이용 활성화 정책 보고서'를 써야 한다고 해보겠습니다. 배경을 이렇게 썼습니다.

- 화석연료 사용으로 인한 지구온난화와 기후변화 대응 및 저탄소 녹색성장 주도
- 선진국에서 국가적 사업으로 도심 내 자전거 이용 활성화 정책 추진
- 자전거를 교통수단으로 활용할 수 있는 정책 필요

언뜻 보면 배경을 잘 서술한 것 같습니다. 하지만 내용을 하나하나 짚어보면 전혀 배경이 아님을 알 수 있습니다.

우선 첫 번째 문장 "화석연료 사용으로 인한 지구온난화와 기후변화 대응 및 저탄소 녹색성장 주도"를 보면 지나치게 거대 담론입니다. 이 정책을 해야 하는 이유를 한마디로 '지구 살리기'라고 표현하고 있습니다. 이유를 너무나 거창하게 썼기 때문에 정책의 직접적인 배경이 될 수 없습니다.

두 번째 문장 "선진국에서 국가적 사업으로 도심 내 자전거 이용 활성화 정책 추진"은 배경이 아니라 조사 결과입니다. '선진국이 한다', '선진사가 한다', '경쟁자가 한다' 하는 것은 배경이 아닙니다. 현황일 뿐입니다.

세 번째 문장 "자전거를 교통수단으로 활용할 수 있는 정책 필요"도 마찬가지입니다. '정책이 필요하다'는 정책의 배경이 될 수

없습니다. 이 지자체에 필요한 정책은 널리고 널렸습니다. 단순히 필요하다고 해서 정책의 배경이 되는 것은 아닙니다. 게다가 무슨 돈으로 하겠다는 건지 전혀 나와 있지 않습니다.

배경이 정확히 무슨 뜻이고 무엇을 써야 배경이 되는지 알아야 합니다. 배경을 이해하려면 먼저 모든 업무, 일, 비즈니스의 시작을 알아야 합니다. 그 시작은 '문제'입니다. 직장에서 월급을 받으며 우리가 하는 모든 일은 문제를 해결하기 위함입니다. 문제가 있어야 일이 시작됩니다. 내가 돈이 없는 것도 문제이고, 고객은 필요로 하는데 시장에 제품이 없는 것도 문제입니다. 상사가 하고 싶은데 할 여건이 안 되는 것도 문제입니다. 항상 맨 처음에는 문제가 있어야 합니다.

그런데 문제가 있다고 해서 전부 다 업무, 일, 비즈니스로 전환이 된다? 그렇지는 않습니다. 문제가 있으면 조직, 회사, 상사, 담당자 등 중요한 이해관계자의 인식이 있어야 합니다. 문제가 문제인지 모르면 어떻게 될까요? 아무것도 안 합니다. 문제가 얼마나 중요한지 모르면 어떻게 될까요? 아무것도 안 합니다. 예를 들어 방 천장의 형광등이 깜빡인다고 해보겠습니다. 지금 당장 형광등의 깜빡임 문제를 해결할 사람은 없습니다. 일단은 지켜보거나 주말에 고치자고 할 겁니다. 미루는 겁니다. 어떤 사람은 당장 형광등을 교체할 수 있습니다. 문제가 있다고 다 하는 게 아니라 문제를 어떻게 인식하느냐가 더 중요합니다.

문제를 인식하고 나면 이제 그 문제를 풀지 아니면 말지의 의사결정을 할 수 있습니다. 그런데 의사결정의 대부분은 기각이나 반려입니다. 상사에게 보고서를 올리면 반려되는 경우가 많습니다. 10건 올리면 최소한 절반은 기각되거나 반려됩니다. 그게 정상입니다. 제약 때문입니다.

우리에게는 항상 없거나 모자란 것이 세 가지 있습니다. 돈, 사람, 시간입니다. 이것이 제약입니다. 모든 조직은 돈, 사람, 시간이 없거나 모자란 상태에서 최선의 의사결정을 합니다. 그래서 모든 문제를 다 풀 수 없습니다. 모든 문제를 다 풀 수 없으니 모든 기획을 다 실행할 수 없습니다. 하지만 개중에 어떤 문제는 꼭 풀어야 할 때가 있습니다. 그때 의사결정자는 그 문제를 해결하겠다며 의사결정을 합니다.

이 과정이 바로 배경입니다. 우리가 풀려고 하는 문제가 무엇이고 이해관계자는 어떻게 인식하고 있고 전에는 안 했는데 이번에는 왜 해결하려고 하는지를 쓰면 그게 배경입니다. 문제, 인식, 제약, 결정을 순서대로 쓰면 되는 겁니다. 예를 들면 다음과 같이 쓰면 됩니다.

> ( 문제 ) 도심의 교통 정체 심화 및 화석연료 차량 매연 증가
> ( 인식 ) 정부는 자전거를 새로운 교통수단 및 기후변화 대응책으로 선정하고 확산을 추진, 시민은 자전거를 교통수단으로 사용하는

것에 압도적으로 찬성, 시는 맑은 공기를 우리 도시의 강점으로 육성

**제약** 자전거 활성화에 필요한 예산 부족, 자전거 정책을 문화레저과에서 담당 등

**결정** 교통분담금 일부를 전용하고, 자전거 정책을 교통과에서 담당하여 자전거 활성화 정책을 연내 추진

# 3

## 제안배경에는
## 미래 문제를 쓰자

제안서 목차를 보면 맨 처음에 항상 **제안배경**이 있습니다. 제안서를 쓰는 사람이 가장 쉽게 쓰면서도 가장 잘못 쓰는 것이 제안배경입니다. 예를 하나 들어보겠습니다. 교육업체가 성과 관리, 조직 관리, 자기 관리라는 3가지 교육 과정을 제안하는 제안서의 제안배경입니다.

- 최근 직장인은 자기 계발을 통한 지속적인 성장을 추구합니다.
- 조직과 개인의 지속적인 성장을 위해 3가지 분야의 과정을 제안하고자 합니다.

이 제안배경을 하나씩 따져보겠습니다.

첫 번째 문장 "최근 직장인은 자기 계발을 통한 지속적인 성장을 추구합니다."는 트렌드입니다. 트렌드를 배경으로 쓸 수는 있지만 이 트렌드를 갑자기 왜 말하는지는 모르겠습니다.

두 번째 문장 "조직과 개인의 지속적인 성장을 위해 3가지 분야의 과정을 제안하고자 합니다."는 목적과 제안 내용입니다. 배경과는 상관없습니다.

제안배경에는 제안의 배경이 들어가야 합니다. '제안'은 고객의 문제를 푸는 더 좋은 방법을 제시하는 겁니다. 제안을 하려면 고객의 문제가 있어야 합니다. 그런데 앞에서 본 예시에는 고객의 문제가 없습니다.

제안서에서 고객의 문제를 직접적으로 꼬집기는 어렵습니다. 지금 고객사는 성과 관리, 조직 관리, 자기 관리가 제대로 안 되어 있기 때문에 이런 교육을 하기로 마음먹은 겁니다. 그렇다고 해서 제안서에 고객사가 지금 성과 관리가 엉망이고, 조직 관리가 망해가고 있고, 자기 관리는 꿈도 못 꾼다고 쓸 수는 없습니다.

그래서 제안서를 쓸 때는 항상 미래를 다루는 설정형 문제를 써야 합니다. 즉 고객이 가까운 미래에 비즈니스를 키우고 사업을 확장하고 조직 관리 수준도 높이려고 하는데 거기에 필요한 내용을 제안받고자 한다고 설정하는 겁니다. 예를 들어 이렇게 쓰면 됩니다.

> **문제** 고객사는 현재 내부 관리에는 큰 문제가 없으나 향후 지속 성장시 관리 역량 부족이 예상됩니다.
>
> **인식** 고객사를 비롯해 많은 기업이 향후 지속 성장에 대비해 관리 역량 강화와 내재화를 최우선 과제로 채택하고 있습니다.
>
> **제약** 내부에는 관리 역량 강화를 전문으로 추진할 기획, 운영 인력이 부족하고 전문 강사 네트워크도 없습니다.
>
> **결정** 핵심 관리 역량 기획, 체계적인 운영 대행, 사내 강사 육성을 제안합니다.

여기서 중요한 것은 첫 번째 문장에 들어갈 '문제'를 설정형으로 기술하는 겁니다. 이때 문제의 3종류인 발생형 문제, 탐색형 문제, 설정형 문제를 먼저 알아야 합니다.

**발생형 문제는** 이미 정해진 기준에 미달하거나 일탈한 문제입니다. 이미 일어난 일이므로 신속히 원인을 찾아 정상화하거나 수습해야 합니다. **미달 문제는** 정해진 목표나 과제를 달성하지 못한 문제입니다. 생산력이 목표에 미달하거나 품질이 기준에 미달하거나 납기를 못 맞추거나 하면 미달 문제입니다. **일탈 문제는** 정해진 기준이나 규칙에서 벗어난 문제입니다. 설비가 고장 나거나 운정

중에 사고가 나거나 제품의 부작용이 나타나면 일탈 문제입니다.

　**탐색형 문제**는 기준은 충족하나 개선이나 강화가 가능한 문제입니다. 현재 일어나고 있는 일이므로 빨리 발견하고 예측해서 미리 조치하는 겁니다. **개선 문제**는 부족하거나 잘못된 문제입니다. 정비 시기를 놓쳐서 수율이 떨어지고 있거나 현장에 미리 자재를 갖다 놓지 않아서 작업 시작이 조금 늦춰지거나 매뉴얼이 없어서 한참을 찾아다니는 것이 개선 문제입니다. **강화 문제**는 특별히 부족하거나 잘못된 문제는 아니지만 효율을 높일 수 있는 문제입니다. 공정을 변경하면 수율을 높일 수 있거나 설비 위치를 바꾸면 생산 시간이 단축되거나 작업자 교육을 하면 품질이 오르거나 하는 것이 강화 문제입니다.

　**설정형 문제**는 미래 개척이나 대비와 관련한 문제입니다. 앞으로 일어날 일이므로 관심을 갖고 주시해야 합니다. **개척 문제**는 미래 사업과 관련한 문제입니다. 새로운 해외 시장을 개척하거나 신제품을 개발하거나 특허를 확보하는 것이 개척 문제입니다. **대비 문제**는 미래의 위험을 최소화하는 문제입니다. 미래 트렌드를 짚어보고 자산을 미리 확보하거나 공급망을 다변화하거나 보험에 등록하는 것이 대비 문제입니다.

| 문제의 종류 | 세부 문제 | 설명 |
|---|---|---|
| 발생형 문제 | 미달 문제 | 정해진 목표나 과제를 달성하지 못한 문제 |
| | 일탈 문제 | 정해진 기준이나 규칙에서 벗어난 문제 |
| 탐색형 문제 | 개선 문제 | 부족하거나 잘못된 문제 |
| | 강화 문제 | 효율을 높일 수 있는 문제 |
| 설정형 문제 | 개척 문제 | 미래 사업과 관련한 문제 |
| | 대비 문제 | 미래의 위험을 최소화하는 문제 |

제안은 앞으로 할 일입니다. 따라서 비록 고객이 발생형 문제나 개선형 문제를 겪고 있다 할지라도 직접적으로 다루기는 서로 곤란합니다. 담당자가 과거나 현재 문제를 드러내는 걸 좋아하지도 않고, 제안서를 평가할 상사들도 결국 자기가 잘못했다는 걸 남이 얘기하게 놔두기도 쉽지 않습니다. 그래서 항상 제안은 고객의 문제를 설정형 문제로 다루는 게 좋습니다.

# 4

# 문제의 종류에 따라 쓰는 단어가 다르다

내가 문제를 얼마나 제대로 인식하고 보고서를 썼는지 판별할 수 있을까요? 내가 엉뚱한 문제를 푼 건 아닌지, 보고서를 다 읽지 않고도 한눈에 알 수 있습니다. 몇 가지 용어만 찾으면 됩니다. 문제의 종류에 따라 사용되는 용어가 다르다는 말입니다.

| 문제의 종류 | 문제 상황 | 목적 | 기대 효과 | 파급 효과 |
|---|---|---|---|---|
| 발생형 문제 | 장애, 사고 | 정상화, 수습 | 재발 방지 | 신뢰 향상 |
| 탐색형 문제 | 부족, 악화 | 보충, 개선 | 효율 향상 | 수준 제고 |
| 설정형 문제 | 포부, 예상 | 준비, 대비 | 지속 가능 | 기회 창출 |

발생형 문제를 다루는 보고서에는 문제 상황이 장애, 사고 같은 단어로 적혀 있습니다. 목적에는 정상화나 수습이란 단어가 적혀 있어야 합니다. 기대 효과에는 재발 방지가 들어 있어야 합니다.

예를 들어 여러분이 자동차를 운전하다 브레이크가 파열되는 사고를 겪었습니다. 여러분은 현장을 수습하고 바로 견인차를 불러 정비소로 갑니다. 정비소는 브레이크 파열을 진단하고 새 브레이크를 추가하는 등 브레이크 기능을 정상화합니다.

이제 정비사가 여러분에게 정비료는 대략 얼마라고 얘기하며 계산하고 차를 가져가라고 합니다. 그러면 여러분은 꼭 물어봅니다. "이제 괜찮겠죠? 또 브레이크 사고 나는 거 아니겠죠?" 이 말이 재발 방지입니다. 정비사는 항상 같은 대답을 합니다. "이제 괜찮을 겁니다." 그렇게 시간이 지나고 브레이크 사고가 더 안 나면 여러분은 그 정비사의 대답과 솜씨를 믿을 겁니다. 신뢰가 높아질 겁니다. 이것이 파급 효과입니다.

발생형 문제를 해결한다는 것은 장애나 사고를 정상화하고 수습하는 일입니다. 그렇게 목적을 달성하고 나면 재발을 방지하는 효과가 있어야 합니다. 금방 재발되면 문제를 제대로 해결하지 못한 겁니다. 계속 재발하지 않으면 신뢰가 높아집니다.

탐색형 문제에 나오는 단어는 발생형 문제에 나오는 단어와 다릅니다. 탐색형 문제에는 장애, 사고, 정상화, 수습, 재발 방지, 신뢰 향상 같은 단어가 나오면 안 됩니다. 문제가 완전히 다르기 때문입니다.

탐색형 문제를 기술할 때는 부족이나 악화 같은 단어가 나와야 합니다. 목적에는 보충이나 개선이 있어야 하고, 기대 효과는 무조건 효율 향상입니다. 파급 효과는 수준 제고입니다.

예를 들어 여러분이 사무실에서 복합기로 인쇄를 한다고 해보겠습니다. 복합기는 여러 부서에서 사용하는 공용 기기입니다. 그런데 여러분이 인쇄를 보내고 나서 인쇄물을 가져오려고 복합기 앞에 왔습니다. 그러다 우연히 용지함을 열어보니 A4지가 열 장도 채 남아 있지 않았습니다. 그렇다면 여러분은 새 A4 묶음을 뜯어서 용지함에 종이를 보충해 놓겠죠? 잉크도 모자란 것이 있나 확인할 겁니다. 복합기 주변이 지저분하면 간단히 청소도 합니다.

여러분이 용지가 부족한 것을 보충하고 주변 환경이 악화하는 것을 개선하면 여러분에겐 분명 손해입니다. 괜히 여러분의 시간을 쓴 것이니까요. 그런데 만약 여러분이 종이를 보충하지도 않고 잉크도 안 채워 놓고 청소도 안 해 놓으면, 다음 사람이 불필요한 시간을 더 쓰게 됩니다. 인쇄가 안 되어서 한참을 원인을 찾다 시간을 허비할 수도 있고, 잉크를 채우는 방법을 몰라 복합기 설명서 찾느라 시간을 허비할 수도 있습니다. 복합기 주변 바닥이 미끄러워서 넘어지면 병가까지 낼 수도 있습니다.

탐색형 문제를 해결한다는 것은 효율을 높이는 일입니다. 효율은 산출을 투입으로 나눈 것입니다. 산출이 더 많거나 투입이 더 적거나 하면 효율이 높아집니다. 여러분이 미리 종이를 보충하고 잉크도 채워 놓고 청소도 해 놓으면 분명 투입이긴 하지만 다음 사람의 투입보다는 분명 적은 시간과 노력입니다. 예방이 최선인 이유도 효율 때문입니다. 미리 준비하는 것도 모두 효율을 높이고자 하는 것입니다.

효율이 높아지면 관리 수준이 올라갑니다. 어떤 회사에 갔더니 복합기에 늘 용지가 부족하지 않고 잉크도 가득 채워져 있고 주변도 깔끔하게 청소가 되어 있으면 관리를 잘한다고 할 수 있을 겁니다. 그러면 복합기뿐만 아니라 다른 공용 기기도 그렇게 잘 관리하고 있으리라 짐작합니다. 관리 수준이 매우 높다고 평가합니다.

탐색형 문제를 해결한다는 것은 부족하거나 악화하는 것을 보충하고 개선하는 일입니다. 그러면 효율이 높아지고 관리 수준도 높아질 수 있습니다. 관리 잘하는 조직이 되는 겁니다.

설정형 문제를 기술할 때는 발생형 문제나 탐색형 문제와는 또 다른 단어가 나와야 합니다. 설정형 문제의 상황 기술에는 포부나 예상이란 단어가 나와야 합니다. 미래에 관한 것이기 때문에 경영자의 포부, 미래의 모습 예상이 있어야 합니다. 목적은 당연히 준비하거나 대비하는 겁니다.

설정형 문제를 해결한다는 것은 미래에도 우리 조직과 비즈니스가 계속 존재한다는 뜻입니다. 우리 조직과 비즈니스가 미래에도 계속 존재하는 것을 기대하는 겁니다. 그래서 기대 효과가 지속 가능입니다. 내년에도 월급 받고 하던 일 하자는 겁니다. 그런데 내년에도 월급 받고 하던 일 하고 있으면 우리에게 새로운 기회가 찾아옵니다. 승진할 기회도 오고 새로운 시장에 진출할 기회도 오고 새로운 제품을 만들 기회도 옵니다. 그래서 파급 효과는 기회 창출입니다.

발생형 문제를 푸는 보고서에는 장애, 사고, 정상화, 수습, 재발 방지, 신뢰 향상 같은 단어가 나와야 합니다. 탐색형 문제를 푸는 보고서에는 부족, 악화, 보충, 개선, 효율 향상, 수준 제고 같은 단어가 나와야 합니다. 설정형 문제를 푸는 보고서에는 포부, 예상, 준비, 대비, 지속 가능, 기회 창출 같은 단어가 나와야 합니다.

만약 발생형 문제를 푸는데 문제 상황은 장애, 사고라고 해 놓고 목적에는 보충이나 개선을, 기대 효과에는 지속 가능을 쓰고 파급 효과는 수준 제고라고 말하면 문제를 제대로 이해하지 못하고 보고하는 겁니다. 보고서를 쓰고 검토할 때 이런 오류를 잡아낼 수 있어야 합니다.

# 5  이슈와 문제를 구분해서 쓰자

많은 직원이 이슈나 문제를 혼동하거나 섞어서 보고합니다. 그런데 이슈와 문제는 뜻이 다른 단어입니다.

이슈issue는 서로 다투는 중심이 되는 점입니다. 두 당사자 이상이 하나를 두고 논쟁을 벌이고 있는 상황을 말합니다. 예를 들어 신사업팀은 당장 신사업을 하자고 합니다. 재무팀은 당장 투자금이 부족해서 몇 년 후에 시작하자고 합니다. 신사업팀과 재무팀이 신사업에 대해 논쟁을 벌이고 있습니다. 이게 이슈입니다. 어떤 것을 '이슈'라고 보고한다는 말은 논의 대상이라는 말입니다.

만약 팀원이 "팀장님, 이슈가 있습니다."라고 말하면 여러분은 이렇게 대답하면 됩니다.

"당사자들 불러서 회의합시다."

문제problem는 사람이나 조직에 폐해를 입혔거나 입히고 있거
나 앞으로 입힐 것들을 일컫는 말입니다. 기업의 매출이 떨어지거
나 시장 점유율이 낮아지거나 안전사고가 일어나거나 개선의 여지
가 있거나 조직 개편이 필요하거나 미래를 대비하고 준비해야 하
거나 하는 것들이 모두 문제에 해당합니다. 어떤 것을 '문제'라고
보고한다는 말은 해결 대상이라는 말입니다.

만약 팀원이 "팀장님, 문제가 있습니다."라고 말하면 여러분은
이렇게 대답하면 됩니다.

"해결 방법을 찾아서 보고하세요."

비슷한 말로 퀘스천question이 있습니다. 셰익스피어가 쓴 <햄릿>
에 나오는 유명한 말 "To be or not to be, that is the question."에
서 question을 문제라고 번역합니다. "사느냐, 죽느냐, 이것이 문
제로다."라고 말이죠. 이때 퀘스천은 정답이 있는 문제입니다. 보
기가 있어서 선택하면 끝나는 문제인데 선택을 못하는 상황입니
다.

만약 팀원이 "팀장님, 이번 건은 좀 퀘스천인데요?"라고 말하면
여러분은 이렇게 대답하면 됩니다.

"당신이 결정하세요. 못하겠으면 제가 결정하겠습니다."

**트러블**Trouble도 문제라고 번역합니다. 트러블은 주로 개인이 겪거나 개인이 느끼는 문제입니다. 질병이 있거나 곤란한 일을 당했을 때 쓰기도 합니다.

만약 팀원이 "팀장님, 약간의 트러블이 생긴 겁니다."라고 말하면 여러분은 이렇게 대답하면 됩니다.

"알아서 깔끔하게 처리하세요."

**매터**matter도 문제라고 번역할 때가 있습니다. 매터는 자기가 중요하다고 생각하는 문제입니다. 걱정거리나 관심거리를 얘기할 때 매터를 씁니다.

만약 팀원이 "팀장님, 이건 문제가 될 수 있습니다?"라고 말하면 여러분은 이렇게 대답하면 됩니다.

"왜 그렇게 생각하시죠? 근거를 가져오세요."

# 6 원인을 파악해서 이유를 보고하자

많은 보고서는 원인을 파악해서 보고합니다. 기획을 할 때도 핵심 원인을 잘 찾는 것이 중요합니다. 5 Whys 같은 방법도 있고 8D 리포트 같은 엔지니어들의 보고서도 있습니다. 문제를 해결하는 가장 중요한 방법이 원인 분석이기도 합니다.

그런데 정작 상사는 원인을 보고받으면 갸우뚱합니다. 별 관심이 없습니다. 예를 들어 이번에 안전 사고가 나서 직원 한 명이 다쳤다고 해보겠습니다. 그러면 안전 사고가 난 원인을 열심히 분석합니다. 설비와 설비 사이에 연결 통로가 있는데 설비에서 기름이 흘러 바닥이 미끄러웠고 작업자가 미끄러져 다쳤다고 합니다. 이렇게 열심히 보고서를 써서 보고하면 상사는 잘 알겠다고 하지 않습니다. 됐다고 하지도 않습니다. 대신 이렇게 물어봅니다.

"그래서요? 누가 잘못한 거죠?"

"이 건은 누가 책임질 거죠?"

"앞으로 어떻게 관리할 거죠?"


문제를 해결하는 방법은 크게 두 가지가 있습니다. 첫째는 원인을 가지고 해결하는 것, 둘째는 이유를 가지고 해결하는 것입니다. 이때 원인과 이유 차이를 분명하게 알아야 합니다. 가령 감기에 걸렸다고 해봅시다. 그럼 감기에 걸린 원인은 무엇일까요? 바이러스 같은 것입니다. A형 바이러스에 걸렸으면 A형 독감처럼 증상이 나타날 겁니다. 코로나 바이러스에 걸렸으면 코로나 증상이 나타날 겁니다. 원인은 이렇게 사물이나 현상에 사용하는 표현입니다.


그럼 이유는 무엇일까요? 감기에 걸린 이유는 추운데 옷을 제대로 안 입어서 또는 밤새 술 마시고 놀아서 같은 것이 될 수 있습니다. 이유는 이렇게 사람에게 사용하는 표현입니다. **원인**은 사물이나 현상에 사용하고, **이유**는 사람에게 사용합니다.

많은 직장인이 원인만 분석해서 상사에게 보고하지만 상사는 이유를 더 궁금해합니다. 책임자를 탓해야 하는지, 조직을 바꿔야 하는지 등 이유에 관한 대책을 세워야 하기 때문입니다. 조직에서 가장 높은 사람이 1년마다 하는 일이 있습니다. 조직 개편과 인사

이동입니다. 조직 개편과 인사 이동을 하는 이유는 사람을 움직여서 문제를 해결하기 위함입니다.

중간관리자는 밑에서 올라오는 원인 분석을 읽고 위에 이유를 보고하는 사람입니다. 밑에서 올라오는 원인만 그대로 이해하고 위에다가 보고해서는 안 됩니다. 위에서는 원인으로 문제를 해결하는 게 아니라 이유를 가지고 문제를 해결하기 때문입니다.

앞에서 얘기한 안전 사고를 예로 들어서 이유를 얘기해 보겠습니다. 원인은 설비에서 기름이 새어 나온 것입니다. 하지만 이유는 여러 가지입니다. 첫째, 설비를 제대로 관리하지 못한 겁니다. 둘째, 설비 연결 통로 바닥에 사람이 들어갈 때 바닥을 제대로 보지 못한 겁니다. 셋째 이 두 가지를 체계적으로 관리하지 못한 겁니다. 이런 관점에서 상사에게 문제 해결 방법을 제시해야 합니다.

첫째, 설비 관리 문제를 해결하기 위해서는 담당자를 교육해야 합니다. 체크리스트를 만들어서 설비에서 기름이 유출되는 것을 정기적으로 확인하게 해야 합니다.

둘째, 연결 통로에 들어갈 때 바닥을 확인하라는 지침을 내리고 직원 교육을 시키는 겁니다. 신규 직원이 들어올 때도 교육할 수 있도록 교육 매뉴얼 개정을 누군가의 업무 범위에 포함시켜야 합니다.

셋째, 안전 책임자를 교체하거나 조직을 개편합니다. 안전 책임자를 바꿈으로써 이런 문제에 CEO 등이 주시하고 있다는 메시지를 줄 수 있습니다. 설비팀과 안전팀이 다른 팀이라면 같은 팀으로 만들어서 설비안전팀으로 할 수도 있습니다.

# 7 전략, 과제, 업무를
## 순서대로 다 쓰자

많은 직원이 전략, 방안, 과제, 업무, 목표 등을 혼동합니다. 여기서 확실히 짚고 가겠습니다. 우선 전략부터 보겠습니다. 다음 예는 삼성전자가 <삼성전자 지속가능경영보고서 2023>에 적은 신환경경영전략입니다.

> "삼성전자의 新환경경영전략은 2050년 탄소중립을 통해 글로벌 기후위기 극복 노력에 동참하고, 자원의 순환성을 극대화하여 순환 경제 구축에 기여하며, 기술혁신을 통해 환경 난제 해결에 도전하고자 하는 삼성전자의 도전의식을 담고 있습니다.
>
> <중략>

보고서, 말이 되게 써라

삼성전자는 新환경경영전략에 포함된 공정가스 저감, 폐전자제품 수거 및 재활용, 수자원 보존, 오염물질 최소화 등에 2030년까지 총 7조 원 이상을 투자할 계획입니다."

삼성전자의 신환경경영전략의 핵심은 글로벌 기후 위기 극복 노력에 동참, 순환 경제 구축에 기여, 환경 난제 해결에 도전입니다. 여기에 2030년까지 7조 원을 투자한다는 겁니다. 연간 1조 원 수준입니다. 삼성전자 영업이익이 많을 때는 50조, 적을 때는 6조이므로 매년 1조 원 투자는 적지 않은 돈입니다.

그런데 만약 삼성전자가 영업이익으로 50경 원을 번다면 어떻게 될까요? 과연 글로벌 기후 위기 극복 노력에 동참할까요? 순환 경제 구축에 기여할까요? 환경 난제 해결에 도전할까요? 그렇지 않습니다. 연간 1경 원을 투자해서 글로벌 기후 위기 극복 노력에 동참하는 것이 아니라 극복해 버릴 겁니다. 순환 경제 구축에 기여하는 것이 아니라 그냥 구축해 버릴 겁니다. 환경 난제 해결에 도전하는 것이 아니라 난제를 그냥 해결해 버릴 겁니다. 연간 1조 원도 큰 돈이지만 이걸로는 부족하기 때문에 글로벌 기후 위기 극복 노력에 '동참'하고 순환 경제 구축에 '기여'하고, 환경 난제 해결에 '도전'하는 겁니다.

전략은 주어진 제약에서 최선의 선택입니다. 비즈니스에서 주어지는 제약은 돈, 사람, 시간입니다. 늘 돈이 모자라고 사람이 모자라고 시간이 모자랍니다. 모자란 돈, 모자란 사람, 모자란 시간을 갖고 최선의 경영 활동을 만들어내는 것이 전략입니다.

제가 과거에 로또에 당첨되었는데 안타깝게도 3등입니다. 세금 빼고 300만 원 받았습니다. 어쨌든 공짜로 들어온 돈입니다. 어디에 썼을까요? 아마 노트북을 새로 사거나, 소파나 침대를 바꾸지 않았을까요?

만약 미국 로또 1등에 당첨되면 어떻게 할까요? 미국 로또는 워낙 규모가 커서 1등이 되면 몇 조원까지도 준다고 합니다. 여러분이 1조 원을 받으면 뭘 바꿀까요? 노트북? 소파? 침대? 아니죠. 아마 집을 통째로 바꿀 겁니다. 완전히 새집으로 이사할 겁니다. 이민을 갈 수도 있습니다.

돈, 사람, 시간이라는 제약이 없다면 전략이 필요 없습니다. 항상 제약이 있기 때문에 전략을 짭니다. 영화 <300>을 보면 스파르타군과 페르시아군이 장렬한 전투를 벌입니다. 스파르타군은 규모의 열세 때문에 첫 전투에서부터 치열하게 전략을 만들어 싸웁니다. 규모가 엄청난 페르시아군은 특별한 전략 없이 그냥 밀고 들어옵니다. 스파르타군은 패배하기 전까지 끊임없이 전략을 수정하거나 새로운 전략을 세웁니다. 점령지까지 서둘러 가야 하는 페르시아군은 시간이 촉박해지고 피해가 커지자 전략을 세우기 시작합니다. 그냥 밀고 들어오는 것이 아니라 전선을 다시 구축하고 보다 효율적으로 싸울 수 있는 군인을 내보냅니다.

전략을 수립할 때는 항상 문제가 되는 것이 있습니다. 예를 들어 내년에 주요 설비부터 점검한다는 전략을 짰다고 해보겠습니다. 돈, 사람, 시간이 무한하면 주요 설비부터 점검하지 않습니다. 그냥 전수 점검하거나 새 설비를 도입하거나 새 공장을 지어버리면 끝납니다. 하지만 늘 제약이 있으므로 모든 설비를 점검할 수는 없고 주요 설비부터 점검하기로 했습니다.

그러면 주요 설비는 뭔가요? 뭘 주요 설비라고 할까요? 어떤 사람은 비싼 설비, 어떤 사람은 가동률이 높은 설비, 어떤 사람은 고장이 잦은 설비, 어떤 사람은 최신 설비, 어떤 사람은 담당 설비라고 할 겁니다. 주요 설비가 무엇인지부터 정의를 내리지 않으면 전략이 제대로 작동하지 않습니다. 이때 주요 설비가 무엇인지 기준을 정하거나, 주요 설비를 선정하는 방법을 찾아야 합니다. 이것이 방안입니다.

**방안**은 전략을 실행하는 대상, 기준, 수준, 방법 등입니다. 주요 설비 선정 방안이 있어야 주요 설비가 뭔지 어떻게 점검할지 계획할 수 있습니다. 디자인 업무를 외부에 맡기고자 하는 전략에도 외부 업체 선정 방안이 필요합니다. 조직문화를 수평적으로 바꾸겠다는 전략에서 조직문화 전환 방안이 필요합니다.

전략 하나에 방안이 여러 가지가 나오기 때문에 방안 중에서 추진하기로 선택한 것이 과제가 됩니다. 예를 들어 주요 설비부터 점검한다는 전략에 '최신 설비부터 점검', '가동률 높은 설비부터 점검', '고장 잦은 설비부터 점검', '고가 설비부터 점검' 같은 방안이 나올 수 있습니다. 이중에서 '최신 설비부터 점검'이란 방안을 추진하기로 선택했다면 이것이 과제입니다. 전략에서 나왔기 때문에 '전략 과제'라고 말합니다.

**전략 과제**는 일반적으로 부서(장)에 주어집니다. 부서장은 과제를 분석해서 부서원에게 배분해야 합니다. '최신 설비 목록 수집', '설비 데이터 분석', '설비 점검 계획 수립', '설비 점검', '설비 점검 이력 관리' 같이 과제를 조각내서 개인에게 배분한 일이 업무입니다. 과제는 주로 KPIKey Performance Indicator로 관리합니다. 업무는 주로 MBOManagement by objectives로 관리합니다.

전략을 구체화하면 과제가 되므로 올바른 과제를 선정하고 추진해야 합니다. 좁은 의미로 이것을 **기획**이라고 합니다. 과제는 개인에게 잘 배분되어 올바르게 처리할 수 있어야 합니다. **계획** 또는 **실행**이라고 합니다. 전략에서 과제를 거쳐 업무가 되므로 어떤 업무를 하든 전략에 맞게 해야 합니다. **전략 정렬**Align이라고 합니다.

만약 보고서나 기획서에 전략이 없이 방안이나 과제, 업무가 나오면 전략에 얼라인Align 되지 않은 겁니다. 만약 전략이 있는데 과제가 없이 업무로 나와도 전략에 얼라인 되지 않은 겁니다. 항상 전략, 과제, 업무가 순서대로 나와있어야 전략적으로 문서를 쓴 것으로 판단할 수 있습니다.

# 효율과 효과의 분수를
# 알고 쓰자

항상 일을 효율적으로 효과적으로 해야 한다고 말합니다. 또 그렇게 관리해야 한다고 말합니다. 이때 효율이 정확히 뭔지, 효과가 정확히 뭔지 잘 모르고 쓰는 경우가 많습니다.

**효율**은 들인 노력과 얻은 결과의 비율입니다. 비즈니스에서는 산출을 투입으로 나눈 값입니다. 예를 들어 일을 효율적으로 한다는 말은 돈, 사람, 시간을 적게 들이거나 산출물을 많게 하는 겁니다. 물리적으로는 기계의 일한 양과 공급되는 에너지를 비교한 것입니다. 기계의 일한 양을 Y라고 하고 공급되는 에너지를 X라고 할 때 비율이 똑같다면 Y = X가 됩니다. 이때 양변을 X로 나누면 Y/X = 1이 됩니다. 즉 Y 나누기 X라는 분수가 되어 비율로 나타납니다.

보고서에서 효율이란 단어를 사용할 때는 투입과 산출이 뭔지 정확히 명시하거나 인식할 수 있어야 합니다. 그렇지 않고 두루뭉실하게 효율이란 단어를 사용하면 제대로 된 보고서라고 할 수 없습니다. 예를 들어 다음 보고를 보겠습니다.

● 당사 발전소의 폐열을 지역사회에 **효율적으로 활용함**.

이 문장은 비즈니스 현장에서 발생한 산출물인 폐열을 지역사회에 제공해서 활용한다는 말입니다. 그런데 이때 발전소의 폐열은 산출입니다. 지역사회에서는 투입입니다. 지역사회에 효율적으로 사용하려면 지역사회의 산출이 필요합니다. 지역사회의 산출은 에너지 소비입니다. 따라서 이 문장은 이렇게 바꿔야 합니다.

● 당사 발전소의 폐열을 지역사회의 에너지 소비에 **효율적으로 활용함**.

만약 발전소의 폐열을 효율적으로 활용한다는 의미였다면 재활용의 개념이 들어가야 합니다. 이때 재활용에서 투입은 폐열이 되고 산출은 에너지가 되도록 써야 합니다.

> ● 당사 발전소의 폐열을 **효율적으로** 재활용하여 지역사회의 에너지원
> 으로 활용함.

또는 폐열을 회수할 때 효율적으로 회수하는 식으로 쓸 수도 있습니다.

> ● 당사 발전소의 폐열을 **효율적으로** 회수하여 지역사회의 에너지원으
> 로 활용함.

간혹 산출/투입을 의미하는 효율 대신 '효과'를 쓰는 사람도 있습니다.

> ● 당사 발전소의 폐열을 **효과적으로** 회수하여 지역사회의 에너지원으
> 로 활용함.

물론 이 문장은 잘못 쓴 것이 아닙니다. 폐열은 투입이고 회수는 에너지이므로 '효율적으로'라고 써야 할 것 같지만 '효과적으로'로도 쓸 수 있습니다. 물론 의미는 전혀 다릅니다.

'효율적으로'라고 쓰면 투입 대비 산출을 높인다는 말입니다. 폐열이란 투입에서 에너지란 산출을 높인다는 뜻입니다. 같은

양의 폐열을 써도 에너지를 더 뽑아낸다는 말입니다.

'효과적으로'라고 쓰면 목표 대비 진척을 높인다는 말입니다. 연내에 폐열을 100 회수하기로 목표를 정했지만 3분기 안에 목표를 달성하거나 연내에 폐열을 100 초과하여 회수하면 효과가 높은 것입니다. 목표를 빨리 달성하거나 초과 달성하려고 할 때 '효과적으로'라는 단어를 쓸 수 있습니다.

물론 그냥 '효과'라고 쓸 때도 있습니다. 예를 들어 다음 문장을 보겠습니다.

● 폐열을 재활용하면 온실가스 배출을 감축하는 **효과가 있음.**

여기서 효과는 좋은 결과를 의미합니다. 비즈니스에서는 효과나 결과란 말을 써서 서술하지 않습니다. 굳이 그런 말을 쓰지 않기 때문에 위 문장은 이렇게 바꾸는 것이 적절합니다.

● 폐열을 재활용하면 온실가스 배출을 **감축할 수 있음.**

만약 일부러 효과를 썼다면 이건 좀 다른 의미가 됩니다. 즉 온실가스 배출을 감축하는 어떤 목표가 있고, 이 목표를 더 빨리, 또는 초과하여 달성하기 위해 폐열을 재활용한다는 말입니다. 즉 다음 문장과 같은 의미가 됩니다.

- 폐열을 재활용하면 온실가스 배출 감축 목표를 **조기에 달성할 수** 있음.
- 폐열을 재활용하면 온실가스 배출을 **목표 이상으로 감축할 수 있음.**

따라서 위 문장에 효과란 단어를 끝에 붙이면 됩니다.

- 폐열을 재활용하면 온실가스 배출 감축 목표를 **조기에 달성하는** 효과가 있음.
- 폐열을 재활용하면 온실가스 배출을 **목표 이상으로 감축하는 효과**가 있음.

비즈니스에서 효율과 효과는 매우 중요한 단어입니다. 이런 단어를 의미도 의도도 모르고 보고서에 막 쓰면 안 됩니다. 단어 하나를 쓸 때도 항상 정확한 의미와 의도를 알고 써야 합니다.

# 기대효과와 파급효과를 정확히 알고 쓰자

효과라는 말을 쓰려면 항상 어떤 목적을 지닌 행위가 선행되어야 합니다. 효과라는 말 자체가 어떤 목적을 지닌 행위에 의하여 드러나는 보람이나 좋은 결과이기 때문입니다. 그래서 비즈니스에서는 효과라는 말보다는 실적이나 성과라는 말을 더 쓰긴 합니다.

어쨌든 효과라는 말을 쓸 때는 단독으로 쓰기보다는 기대효과, 파급효과와 같이 합성어로 쓰곤 합니다. 특히 기대효과는 보고서, 기획서, 제안서 등의 목차 끝에 꼭 포함되는 항목입니다. 항상 고객사나 상사는 기대효과를 서술하라고 합니다. 그렇다면 도대체 기대효과가 정확히 무엇일까요?

우선 기대효과라는 말은 어떤 일이 원하는 대로 이루어지기를 바라면서 기다린 효과라는 뜻입니다. 여기서 중요한 것은 어떤 일이 원하는 대로 이루어지기를 바라는 주체가 누구냐 하는 겁니다. 보고서 말미에 기대효과를 쓸 때 이 기대효과는 누가 바라는 것이냐 하는 겁니다.

**기대효과**는 상사나 고객이 바라는 겁니다. 상사나 고객은 어떤 일이 원하는 대로 이루어지기를 바랍니다. 상사나 고객에게 어떤 목적이 있고 어떤 행위가 있어서 원하는 대로 드러나는 보람이나 좋은 결과가 기대효과입니다. 그렇다면 상사나 고객이 원하는 것이 무엇일까요? 원하는 행위가 무엇일까요? 원하는 대로 드러나는 보람이나 좋은 결과가 무엇일까요?

예를 들어 강의장의 오래된 빔 프로젝터를 신형으로 바꾸라고 상사가 지시했다고 해보겠습니다. 그러면 상사가 원한 것은 과연 빔 프로젝터 교체일까요? 물론 상사는 단순히 빔 프로젝터를 교체하는 것을 원했을 수 있습니다. 그렇다면 기대효과는 다음과 같이 쓸 수 있습니다.

● **구형 빔 프로젝터를 신형으로 교체**

그런데 만약 상사가 빔 프로젝트를 신형으로 교체해서 강사들이 고해상도 사진이나 영상을 많이 사용하게 하고 싶은 거였을 수도 있습니다. 만약 그렇다면 기대효과는 다음과 같이 쓸 수 있습니다.

- 강사의 멀티미디어 활용 촉진

만약 강사들이 멀티미디어를 잘 활용해서 강의한다면 강의장에 온 학습자의 강의장 만족도도 높아질 수 있습니다. 상사가 강의장 만족도를 높이기 위해서 빔 프로젝터를 신형으로 교체하라고 했을 수 있습니다. 만약 그렇다면 기대효과는 다음과 같이 쓸 수 있습니다.

- 학습자의 강의장 만족도 제고

기대효과와 비슷한 말이 파급효과입니다. **파급효과**는 어떤 일의 여파나 영향이 차차 다른 데로 미치는 효과를 말합니다. 여기서 '다른 데'라는 말 때문에 다른 분야라고 생각하기 쉽지만 비즈니스에서는 다른 분야가 아니라 상사의 상사나 상위 부서를 의미합니다. 예를 들어 상사는 학습자의 강의장 만족도 제고를 원했습니다. 하지만 그 위 상사는 학습자의 강의장 재방문으로 매출 증가를 원할 수 있습니다. 그렇다면 파급효과는 다음과 같이 쓸 수 있습니다.

- 학습자의 강의장 재방문율 제고로 매출 증가

기대효과와 파급효과를 같이 적을 때도 있습니다.

● 학습자의 강의장 만족도 제고 및 재방문으로 매출 증가

상사의 상사가 다른 강의장보다 앞서가는 강의장을 보여주고 싶은 것이었다면 이렇게 쓸 수도 있습니다.

● 업계에서 첨단 시설의 강의장으로 자리매김

기대효과든, 파급효과든 지나치게 크게 쓰는 것은 좋지 않습니다. 국가에 이바지한다거나 기후변화 문제를 해소한다거나 하는 식의 말은 기대효과도 아니고 파급효과도 아니라 미션이나 비전입니다.

기대효과와 파급효과를 쓸 때는 반드시 일의 시작인 배경을 충분히 이해하고 써야 합니다. 배경은 문제가 뭔지, 상사나 상사의 상사는 어떻게 인식하고 있는지, 전에는 안 했는데 이번에는 왜 하려고 하는지를 말합니다. 상사와 상사가 현실적으로 원하는 것을 적는 게 가장 깔끔한 기대효과와 파급효과입니다.

# 10 실적과 성과의 차이를 알고 쓰자

많은 사람이 실적과 성과를 잘 구분하지 못합니다. 실제로 필자가 강의할 때 학습자에게 물어보면 이렇게 얘기합니다.

- 실적은 숫자, 성과는 의미
- 실적은 실제로 나타난 결과, 성과는 우리에게 좋은 점
- 실적은 정량, 성과는 정성

물론 다들 잘못 알고 잘못 쓰고 있습니다. 비즈니스는 실적을 관리하고 성과도 관리합니다. 비즈니스가 무언가를 관리한다는 말

은 항상 숫자로 정리된다는 뜻입니다. 특히 관리 지표를 만들어 사용할 때는 항상 분수로 만들어 씁니다. 효율과 효과도 마찬가지입니다. **효율**은 산출/투입이고 **효과**는 진척/목표입니다. 실적은 현재/과거이고 **성과**는 나/경쟁자입니다.

실적과 성과의 차이를 쉽게 설명하기 위해 재밌는 일화를 들려드리겠습니다. 제 큰 딸이 중학교 2학년일 때 중간고사에서 국어 점수를 80점 받았습니다. 그런데 기말고사에서는 90점 받았습니다. 딸이 제게 오더니 국어 점수가 10점 올랐다면서 용돈을 달라고 합니다. 요즘 용돈 시세가 있는데 점당 만 원이랍니다. 10점 올랐으니 10점 곱하기 만 원 해서 10만 원을 달랍니다. 어쨌든 점수가 올랐으니 기쁜 마음에 용돈을 줬습니다.

다음날 아내가 제게 큰딸에게 용돈 줬냐고 물었습니다. 애가 국어 점수 10점 올라서 점당 만 원으로 해서 10만 원 줬다고 했습니다. 그랬더니 아내가 "타짜에게 당했구만."이라고 하며 혀를 찼습니다. 왜 그러냐 했더니 국어 등수 봤냐고 묻습니다. 못 봤다 하니 중간고사 때 반에서 5등이었는데 기말고사 때 반에서 10등 했답니다. 기말고사 시험이 쉬워서 다들 점수가 올랐는데 딸애는 공부를 안 해서 등수가 떨어진 겁니다.

실적은 현재를 과거로 나눈 겁니다. 성과는 나를 경쟁자로 나눈 겁니다. 한 영업사원이 작년에 1억 매출을 올렸는데 올해 2억 매출을 올렸다면 실적이 두 배 오른 겁니다. 하지만 경쟁업체 영업사원이 작년에 똑같이 1억 매출을 올렸는데 올해 3억 매출을 올렸다면 성과는 떨어진 겁니다.

많은 보고서에서 실적이 성과로 둔갑합니다. 예를 들면 다음 문장은 모두 성과가 아니라 실적입니다.

- 최근 8분기 연속으로 평균 4% 매출 진작 성과 창출
- 전시회 참가자 만족도 5점 만점에 4.8점으로 최대 성과 창출
- 신입사원 조기 정착 성과 창출

성과를 쓰려면 다음과 같이 써야 합니다.

- 최근 8분기 연속으로 평균 4% 시장 점유율 확대 성과 창출
- 전시회 참가자 전체 평균 만족도 4.0 대비 당사 전시회 참가자 만족도 4.8로 압도적 만족 성과 창출
- 신입사원 정착을 5개월만에 조기 정착 성과 창출(다른 계열사는 평균 10개월 소요)

실적과 성과를 목표에 사용할 때도 마찬가지입니다. 실적 목표와 성과 목표는 완전히 다릅니다. 예를 들면 다음은 실적 목표입니다.

- 영업사원 영업 교육 수료율 85% 이상
- 신규 고객 비율 30% 이상
- 서비스 장애율 5% 미만

성과 목표는 다음과 같은 것이 되어야 합니다.

- 영업사원 경쟁 입찰 수주율 60% 이상
- 시장 전체 신규 고객 중 당사 고객 비중 30% 이상
- 서비스 장애율 업계 평균의 70% 미만

**실적**은 과거에 비해 현재 얼마나 잘했는지 보여주는 성장 지표입니다. 그런데 실적 대부분은 특별한 뭔가를 하지 않아도 오르고 내릴 때가 많습니다. 예를 들어 수출 기업은 환율이 오르면 자연스럽게 매출과 이익이 오릅니다. 정부가 시장에 돈을 풀면 주가가 오릅니다. 반대로 환율이 내리면 수출 기업은 적자를 볼 때도 있습니다. 중앙은행이 금리를 올리면 주가는 떨어집니다. 실적만 가지고 임직원을 평가해서는 안 됩니다. 그래서 나온 것이 성과입니다.

**성과**는 다른 사람과 비교해서 얼마나 잘했는지 보여주는 경쟁 지표입니다. 환율이 올라도 어떤 기업은 매출과 이익이 오를 수도

있고 어떤 기업은 떨어질 수도 있습니다. 그래서 시장점유율을 가지고 경쟁에서 이기고 있는지 열위에 있는지 판단할 수 있습니다. 중앙은행이 금리를 올려도 주가가 오르는 기업이 있습니다. 이런 것은 모두 경쟁을 잘한 결과입니다. 비즈니스는 기본적으로 경쟁이며, 경쟁에서 우위를 점하는 것이 핵심입니다. 단순히 과거에 비해 잘하는 것이 아니라 경쟁에서 우위를 가지는 것이 경쟁력이고, 이 경쟁력을 얼마나 잘 발휘했는지 보여주는 것이 성과입니다. 따라서 임직원의 경영 활동 결과를 판단할 때는 실적과 함께 성과를 같이 봐야 합니다.

# 11 통찰과 시사의 뜻을 알고 쓰자

데이터로 차트를 만들어서 글로 설명할 때 많은 사람들이 하는 실수가 있습니다. 파워포인트 등으로 보고서를 만들 때 왼쪽에 차트를 그리고 오른쪽에 설명을 쓰는 실수입니다. 예를 들어 다음 그림을 보겠습니다. 왼쪽에 A 부문 최근 3년 동기 매출 비교 차트가 있고, 오른쪽에는 통찰, 시사, 시사점, Findings, 결과 등의 제목의 빈 칸이 있습니다. 보통 기획 문서나 분석 문서를 보면 이런 식으로 장표를 구성합니다.

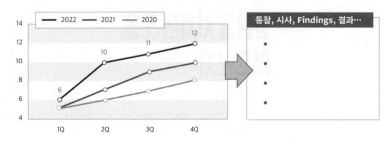

A부문 최근 3년 동기 매출 비교(억 원)

그런데 많은 사람들이 오른쪽에 뭘 써야 할지 몰라서 보통은 왼쪽 차트를 설명하거나 요약하거나 통계를 적곤 합니다. 예를 들면 이렇습니다.

- 2022년 매출은 39억 원
- 매출이 오름세
- 매년 4Q 매출은 2억씩 증가

그런데 이런 것은 모두 왼쪽 차트를 보면 알 수 있거나, 왼쪽 차트에 값을 넣으면 되는 것들입니다. 차트로 설명할 수 있는 건데 굳이 차트를 분석해서 얻어낸 통찰이나 시사를 넣는 자리에 끼어넣을 필요는 없습니다.

많은 상사가 통찰과 시사가 있는 보고서를 원합니다. 하지만 많은 보고자가 통찰과 시사를 잘 못 씁니다. 통찰과 시사가 정확히 무엇인지 몰라서 그렇습니다.

**통찰**은 한자로 洞察, 영어로 insight안을 보다입니다. 원래 동굴 속을 살펴본다는 뜻입니다. 예리한 관찰력으로 사물이나 현상의 본질을 꿰뚫어 보는 겁니다. 그 방법이 크게 두 가지입니다. 하나는 패턴을 찾는 것, 다른 하나는 인과를 찾는 겁니다. 왜 그런 결과가 나왔는지 알아내는 것이니 비즈니스 논리에서 Why So에 해당합니다. 과거에 관한 것입니다.

**시사**는 한자로 示唆, 영어로 implication암시하다입니다. 이 말은 무언가를 보여주고 부추긴다는 뜻입니다. 어떤 것을 미리 간접적으로 표현해 주고 뭔가를 하라고 부추깁니다. 그래서 방법이 두 가지입니다. 하나는 예측이고 다른 하나는 대응입니다. 비즈니스 논리에서 So What에 해당합니다. 미래에 관한 것입니다.

> ● **통찰**(과거, Why So) : 패턴 + 인과
> ● **시사**(미래, So What) : 예측 + 대응

자, 이제 차트를 보면서 통찰과 시사를 써 보겠습니다. 일단 차트를 다시 보겠습니다. 차트는 A 부문 최근 3년 동기 매출을 비교하고 있습니다. 가로축은 분기, 세로축은 매출입니다. 맨 아래에 있는 선은 2020년 매출, 그 위에는 2021년 매출, 그 위에는 2022년 매출이 선형으로 표시되어 있습니다. 최근 3년의 매출을 분기 단

위로 비교하고 있습니다.

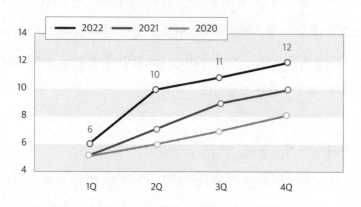

A부문 최근 3년 동기 매출 비교(억 원)

차트를 가만히 보면 매년 1Q에 매출이 가장 적고 4Q에 매출이 가장 높습니다. 연간으로 보면 매출은 계속 오르는데, 연초가 되면 전년 4Q 매출에서 곤두박질칩니다. 반토막까지도 나는 현상이 몇 년 계속 보이고 있습니다. 이런 차트를 보면 우리는 전형적인 상저하고上低下高 매출 구조란 것을 알 수 있습니다. 상반기 매출은 낮았다가 하반기 매출은 오르는 구조입니다. 일종의 패턴입니다.

인과도 찾아봐야 합니다. 사실 차트에서는 인과를 알 수 없습니다. 그래서 해당 도메인에 대한 지식이나 경험 또는 담당자 인터뷰 등을 통해서 인과를 찾아내야 합니다. 예를 들어 특별한 성장 전략이 없이 시장 구도를 따라간 결과라고 할 수 있습니다.

| 패턴 | 전형적인 상저하고上低下高 매출 구조 |
| 인과 | 특별한 성장 전략 없이 시장 구도에 수동적으로 대응한 결과 |

이번에는 시사를 찾아보겠습니다. 시사는 예측과 대응입니다. 패턴을 보면 예측을 할 수 있습니다. 과거 3년 동안 전형적인 상저하고 구조를 가져왔으니 2023년에도 상저하고 매출 구조가 나타나서 성장에 한계로 작용할 겁니다. 그렇다면 2023년에는 어떻게 대응해야 할까요? 연말에 과감한 투자와 영업 확대로 상고하고上高下高 구조로 전환해야 합니다.

| 예측 | 2023년에도 전형적인 상저하고上低下高 매출 구조로 성장에 한계로 작용 |
| 대응 | 연말에 과감한 투자와 영업 확대로 2023년부터는 상고하고上高下高 구조로 전환 필요 |

통찰과 시사를 합쳐서 쓸 수도 있습니다. 그때는 패턴과 예측을 붙이고, 인과와 대응을 붙이면 됩니다.

| 패턴과 예측 | 현재 매출 구조는 전형적인 상저하고上低下高로 2023년 성장에 한계로 작용 |
| 인과와 대응 | 시장 구도에 수동적으로 대응한 결과이므로 연말에 과 |

과감한 투자와 영업으로 2023년부터는 상고하고上高下高 구조로 전환 필요

A부문 최근 3년 동기 매출 비교(억 원)

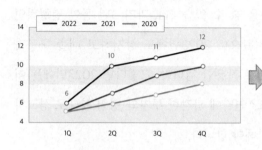

- 현재 매출 구조는 전형적인 상저하고로 2023년 성장에 한계로 작용

- 시장 구도에 수동적으로 대응한 결과이므로 연말에 과감한 투자와 영업으로 2023부터는 상고하고 구조로 전환필요

# 12

# 특징, 장점, 강점의 차이를 알고 쓰자

공공기관이 발주한 사업에 제안서를 쓸 때 목차 중에 제안의 특장점이란 것이 있습니다. 제안의 특징과 장점을 기술하라는 항목인데 많은 사람이 특장점을 제대로 못 적거나 엉뚱한 것을 적습니다. 예를 들면 이렇게 적습니다.

- 유사 사업 경험 보유
- 최고의 전문가 투입
- 사업의 위험요소를 사전에 제거
- 철저하고 체계적인 관리
- 차별화된 구축 방법론 제시

물론 이런 것이 제안사의 특징이거나 장점일 수 있습니다. 중요한 것은 특징과 장점을 알고 썼느냐, 아니면 그냥 좋은 말만 썼느냐 차이입니다. 쓸 때는 좋은 말 다 모아서 쓰면 됩니다. 하지만 제안서를 검토할 때는 얘기가 다릅니다. 이게 정말 우리 제안의 특징이 맞는지, 우리의 장점이 맞는지 확인해야 합니다.

**특징**은 다른 것에 비하여 특별히 눈에 띄는 점입니다. **장점**은 좋거나 잘하거나 긍정적인 점입니다. 이렇게 보면 이해하기 어렵습니다. 예를 들어 설명하겠습니다.

제 딸이 학교에서 시험을 쳤습니다. 점수는 국어 95점, 영어 80점, 수학 70점입니다. 학급 평균은 국어 95점, 영어 60점, 수학 90점입니다.

| 구분 | 국어 | 영어 | 수학 |
|---|---|---|---|
| 딸 점수 | 95 | 80 | 70 |
| 학급 평균 점수 | 95 | 60 | 90 |

여기서 제 딸의 장점, 즉 잘하는 것은 무슨 과목일까요? 예, 그렇습니다. 국어입니다. 영어와 수학에 비해 국어 점수가 높습니다. 국어를 좋아하는지는 모르겠지만 어쨌든 다른 사람에게 딸이 얼마나 공부를 잘하느냐 얘기할 때 이렇게 얘기할 겁니다.

"딸애가 국어를 참 잘해요."

또는 이렇게 과장하기도 합니다.

"국어 하나는 끝내줍니다."

물론 딸이 국어를 다른 과목보다 잘합니다. 그래서 장점을 꼽으라면 국어라고 할 수 있습니다. 그렇다면 특징이 되는 과목, 즉 다른 것에 비하여 특별히 눈에 띄는 과목은 무엇일까요? 물론 국어일 수 있습니다. 하지만 눈에 띄려면 다른 것과 비교해야 하는데 이때 비즈니스는 다른 회사나 제품, 즉 경쟁과 비교를 해야 합니다. 경쟁해서 눈에 띄는 것이 특징입니다. 여기서는 영어입니다. 학급 평균 점수는 60점인데 딸애는 20점이나 높은 80점입니다.

특징은 강점과 같습니다. 남보다 우세하거나 더 뛰어난 점이 강점입니다. 경쟁에서 이길 수 있는 것이 강점이자 특징입니다. 특장점이라고 하는 것은 결국 남보다 잘하는 것이거나 내가 하는 것 중에 잘하는 것을 뜻합니다. 자, 그렇다면 앞에서 본 예시를 다시 한번 보겠습니다. 각각은 강점특징일까요, 장점일까요?

- 유사 사업 경험 보유 → 강점? 장점?
- 최고의 전문가 투입 → 강점? 장점?
- 사업의 위험요소를 사전에 제거 → 강점? 장점?
- 철저하고 체계적인 관리 → 강점? 장점?
- 차별화된 구축 방법론 제시 → 강점? 장점?

물론 제안사의 판단에 따라 강점일 수도 있고 장점일 수도 있을 겁니다. 하지만 강점이라면 강점으로 표현해야 하고 장점이라면 장점으로 표현해야 합니다. 예를 들어 "유사 사업 경험 보유"가 강점이라고 해보겠습니다. 그렇다면 경쟁과 비교해서 얼마나 많은 경험을 보유했는지 밝혀야 합니다. 예를 들면 다음과 같이 쓰면 됩니다.

● 업계 최다 유사 사업 경험 보유 → 강점(특징)

만약 "유사 사업 경험 보유"가 강점이 아니고 장점이라면 예를 들어 다음과 같이 쓰면 합니다.

● 전직원의 80% 이상이 유사 사업 경험 보유 → 장점

"최고의 전문가 투입"도 마찬가지입니다.

● 업계 최고의 전문가 투입 → 강점(특징)
● 사내 최고의 전문가 투입 → 장점

제안의 특장점을 기술할 때도 순서가 있습니다. 강점과 장점을 아무렇게나 나열해서는 안 됩니다. 순서는 다음과 같습니다.

1. 강점이면서 장점인 것
2. 강점
3. 장점

간혹 심사위원이 제안사가 말한 강점이 강점 맞냐고 물어볼 때가 있습니다. 이때를 대비해서 별도로 강점 비교표를 하나 만드는 것이 좋습니다. 예를 들어 "업계 최다 유사 사업 경험 보유"에 대해 심사위원이 강점 맞냐고 물어본다면 주요 경쟁사의 사업 경험 횟수를 적은 표를 보여주면 됩니다. 또는 제안서에 여유가 있다면 강점 밑에 작게라도 차트를 보여주면 됩니다.

강점 비교표 예시

| 구분 | 당사 | A사 | B사 |
|------|------|------|------|
| 사업 경험* | 30건 | 20건 | 15건 |
| 전문가 비율** | 35% | 15% | 5% |
| : | : | : | : |

\* 최근 3년 국내 유사 사업으로 나라장터 수주 기준
\*\* 전체 직원 중 기술사 자격 보유자 비율

강점 비교표 차트 예시

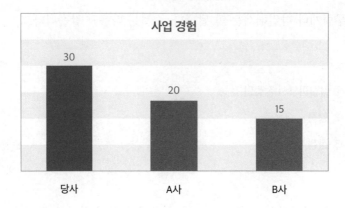

보고서, 말이 되게 써라

# 글을 논리적으로 쓰고
# 확인하자

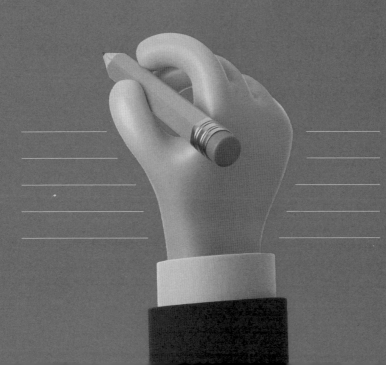

# 13 장표에는 메시지를 꼭 쓰자

간단한 파워포인트 형식의 제안서 장표를 하나 보겠습니다. 이 장표에는 2023년 고객사 명단이 죽 적혀 있습니다. 아마도 영업사원이 고객사에 제안할 때 기존 고객 명단을 보여주려는 것일 겁니다. 만약 여러분이 이 제안의 심사위원이라면 장표를 보고 무슨 생각이 들까요?

> ## 고객사
>
> 삼성, 에스케이, 현대자동차그룹, 엘지, 포스코, 롯데, 한화, 지에스, HD
> 현대, 농협, 신세계, 케이티, 씨제이, 한진, 카카오, 엘에스, 두산, DL, 에
> 이치엠엠, 중흥건설, 현대백화점, 부영, 네이버, 미래에셋, 에쓰-오일,
> 금호아시아나, 하림, 영풍, 에이치디씨 등

혹시 이런 걸 생각하지 않으셨나요?

"고객이 참 많구나."

"내가 아는 기업이 많네?"

정말 단순한 반응입니다.


"에스케이와 엘지는 SK, LG로 써야 하지 않나?"

이런 지적은 꼰대 소리 듣습니다.


이 제안을 심사하겠다면 이런 말이 나와야 합니다.

"그래서 뭐?"


장표를 다시 보면 자료만 나열되어 있습니다. 작성자는 고객사
명단만 보여주고 있습니다. 이 자료에서 작성자는 고객사 명단을
죽 나열해서 뭘 어쩌자는 건지 써야 합니다. 예를 들어 헤드라인
메시지에 "다양한 분야 대기업 고객 보유"라는 사실을 적을 수 있
습니다.

**고객사**

**다양한 분야 대기업 고객 보유**

삼성, 에스케이, 현대자동차그룹, 엘지, 포스코, 롯데, 한화, 지에스, HD현대, 농협, 신세계, 케이티, 씨제이, 한진, 카카오, 엘에스, 두산, DL, 에이치엠엠, 중흥건설, 현대백화점, 부영, 네이버, 미래에셋, 에쓰-오일, 금호아시아나, 하림, 영풍, 에이치디씨 등

장표는 항상 논리적 짝을 이뤄야 완결이 됩니다. 내용에 자료를 넣었다면 헤드라인 메시지는 자료에서 도출한 사실이 적혀야 합니다. 사실은 자료의 결론이며, 자료는 사실의 근거가 됩니다. 이렇게 해서 So what 논리와 Why so 논리가 맞아 들어갑니다. 만약 자료만 있다면 결론이 없어서 So what을 묻게 되고, 사실만 있다면 근거가 없어서 Why so를 묻게 됩니다.

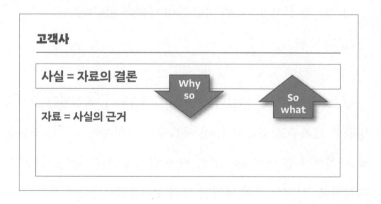

So what과 Why so는 말을 할 때만 쓰는 논리입니다. 말할 때 "그래서 뭐?", "왜 그런데?"라고 말합니다. "그래서 결론이 뭔데?", "근거가 뭔데?"라고 말하는 겁니다. 하지만 글로 쓸 때는 So what과 Why so를 쓸 수 없습니다.

아카데미에서는 So what과 Why so를 글로 적을 수 있습니다. 논문이 그렇습니다. 논문을 어떤 것을 연구하고 실험한 결론입니다. 그래서 글에 결론이나 근거를 명확히 적을 수 있습니다. 하지만 비즈니스에서 보고서나 기획서는 연구나 실험의 절대적인 결론이 아닙니다. 매출이나 영업이익 등 현재 일어난 현상을 관찰해서 계산한 결과이거나, 앞으로 연구하거나 실험할 사업에 관한 것입니다.

아카데미는 다른 모든 조건의 변동을 없앤 상태에서 연구하고 실험하지만 비즈니스는 다른 경쟁자의 모든 활동을 제어할 수 없습니다. 그래서 비즈니스에서는 절대적인 결론과 절대적인 근거를 글로 적을 수 없습니다. 비즈니스 문서에는 상대적인 결론과 상대적인 근거만 있어야 하므로 자료, 사실, 판단, 주장이라는 논리로 써야 합니다. 즉 비즈니스에서는 자료, 사실, 판단, 주장이라는 논리로 적음으로써 글이 말이 되는 것입니다.

# 14 So what과 Why so가 되게 쓰자

보고서에 쓰이는 모든 문장은 주장이거나 판단이거나 사실이거나 자료입니다. 예를 들어 어떤 자료가 있다고 상사에게 보고합니다. 그러면 상사는 'So what?'이라고 물을 겁니다. 그러면 우리는 이 자료에서 이런 사실을 알아냈다고 하겠죠. 그러면 상사는 또 'So what?'이라고 물을 겁니다. 그럼 우리는 이 사실을 보면 이런 판단이 든다고 하겠죠. 그러면 상사는 또 'So what?'이라고 물을 겁니다. 그럼 여러분은 이 판단을 토대로 이런 것을 해야 한다고 주장할 겁니다. 자료에서 사실로, 사실에 판단으로, 판단에서 주장으로 이어지면서 So what 논리에 대응할 수 있습니다.

그렇다면 이제 반대로 해봅시다. 주장에서 시작해서 판단으로, 판단에서 사실, 사실에서 자료로 이어질 수 있습니다. 여러분이 무언가 주장을 합니다. 그러면 상사가 'Why so?'라고 하겠죠. 여러분은 이런 주장을 한 이유는 이런 판단 때문이라고 말합니다. 그러면 상사가 또 'Why so?'라고 하겠죠. 여러분이 이런 판단을 내린 근거는 이런 사실 때문이라고 말합니다. 그러면 상사가 'Why so?'라고 할 겁니다. 그때 여러분은 이런 사실을 도출한 자료를 근거로 내놓습니다.

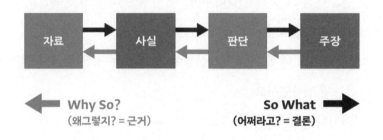

예를 들어 금도끼 은도끼 이야기로 자료, 사실, 판단, 주장의 논리를 펼쳐 보겠습니다. 금도끼 은도끼 이야기는 다음과 같습니다.

옛날에 착한 나무꾼이 살았어요. 나무꾼은 늙으신 부모님을 극진히 모시는 효자였지만, 무척 가난했어요. 나무꾼은 매일 산으로 나무를 하러 갔어요. 그러던 어느 날이었어요. 열심히 도끼질을 하던 나무꾼은 그만 실수로 낡은 도끼를 연못에 빠뜨리고 말았어요.

"아이고 내 도끼! 저 도끼마저 없으면 앞으로 어떻게 나무를 한 단 말인가? 엉엉" 나무꾼은 잃어버린 도끼를 생각하며 땅바닥에 주저 앉아 큰 소리로 슬피 울었어요. 그 때였어요. 연못 속에서 하얀 옷을 입은 산신령이 연기처럼 펑 나타났어요.

"너는 왜 그리 슬퍼하고 있느냐?"

"산신령님, 저는 가난한 나무꾼인데 나무를 하다가 그만 도끼를 연못에 빠뜨리고 말았어요. 그 도끼가 없으면 저는 앞으로 나무를 할 수 없고 부모님을 모실 수가 없습니다."

"음... 내가 그 도끼를 찾아주마." 산신령은 다시 연못 속으로 사라졌다가 곧 도끼 하나를 들고 다시 나타났어요.

"이 도끼가 네 도끼냐?" 산신령이 들고 있는 것은 광채가 번쩍이는 은도끼였어요.

"아닙니다."

"오, 그래? 잠시만 기다리거라." 산신령은 다시 연못 속으로 사라졌다가 다른 도끼를 들고 나타났어요. 이번에는 더욱 광채가 찬란한 금도끼였어요.

"이 도끼가 네 도끼냐?"

"아, 아닙니다. 제 도끼는 아주 낡은 쇠도끼입니다." 산신령은 고개를 끄덕이며 다시 도끼를 들고 연못 속으로 사라졌어요. 곧 다시 나타난 산신령의 손에는 나무꾼의 낡은 쇠도끼가 들려 있었어요.

"그럼 이 낡은 도끼가 네 도끼냐?"

"네, 그게 바로 제 도끼입니다."

나무꾼은 도끼를 되찾게 되어 너무나 기뻐하며 산신령께 꾸벅 절을 했어요.

"허허, 참으로 정직한 나무꾼이로구나. 너의 정직함과 효성에 대한 상으로 이 세 개의 도끼를 모두 너에게 주마."

나무꾼은 뜻밖의 상을 받고 좋아서 어쩔 줄 모르며 집으로 돌아 갔어요. 부모님들도 무척 기뻐하셨어요. 가난한 나무꾼은 정직 한 마음 덕분에 부자가 되어 부모님과 행복하게 살게 되었어요.

이 이야기에서 산신령이 금도끼와 은도끼 소유자가 아니고 월 급 산신령이라고 해보겠습니다. 산신령 위에 옥황상제가 있고 금 도끼와 은도끼는 옥황상제 것이어서 산신령이 나무꾼에게 포상을 하려면 옥황상제에게 보고해야 합니다.

이 이야기의 논리 구조를 보면 자료, 사실, 판단, 주장이 다 있습 니다. 자료에는 일단 나무꾼의 도끼 주인 여부 설문 결과가 있습니 다. 금도끼가 네 거냐, 은도끼가 네 거냐 물어봤고 나무꾼이 대답 한 자료가 있습니다. 화자가 나무꾼이 효자라고 하는 말도 있습니 다. 전문가나 유명인의 말을 인용한 것을 볼 수 있습니다.

자료를 가지고 사실을 각각 도출합니다. 나무꾼은 거짓말을 안 했다는 사실과 나무꾼은 부모님을 모시기 위해 나무를 한다는 사 실을 도출할 수 있습니다. 이런 사실을 가지고 나무꾼은 정직하고

효심이 깊은 사람이라고 판단할 수 있습니다. 이런 산신령이 옥황
상제에게 '나무꾼에게 금도끼와 은도끼를 포상으로 내려야 한다'
고 주장합니다.

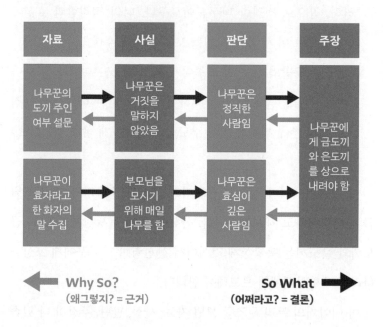

자료에서 주장으로 가는 방향은 So What입니다. 반대로 주장
에서 자료로 가는 방향은 Why so입니다. 이렇게 자료, 사실, 판
단, 주장이 딱 달라붙어서 좌우로 결론이자 근거가 되는 글이 가장
논리적입니다.

# 15

## 자료, 사실, 판단, 주장을 쓰자

파워포인트 형식으로 작성한 문서를 볼 때는 항상 자료, 사실, 판단, 주장이 제대로 짝을 맞춰 적혀 있는지 확인해야 합니다. 앞서 말했던 것처럼 장표의 내용이 자료라면 헤드라인 메시지에는 사실이 들어가야 합니다. 만약 장표의 내용이 사실로 구성되어 있다면 헤드라인 메시지에는 판단이 들어가야 합니다.

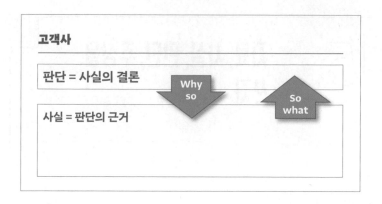

만약 장표의 내용이 판단으로 구성되어 있다면 헤드라인 메시지에는 주장이 들어가야 합니다.

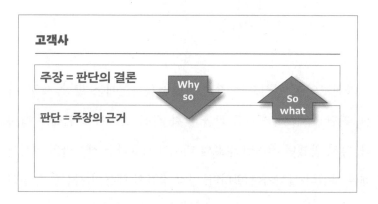

장표 내용에는 자료를 적어 놓고 헤드라인 메시지에 판단을 적어 놓는다면 논리가 비약합니다. 예를 들어 고객사 명단을 죽 늘어놓은 다음에 헤드라인 메시지로 "대기업도 만족하고 전문성도 풍부함"을 써 놓는다면 어떨까요? 분명 자료를 보면 고객사가 대기업 위주란 사실을 알 수 있습니다. 하지만 '대기업도 만족'한다는 것은 사실이 아니라 제안자의 판단입니다.

'전문성도 풍부'하다는 것도 사실이 아니라 판단입니다. 대기업의 만족과 전문성의 풍부라는 판단에 대한 근거가 되는 사실이 빠져 있으므로 이 장표는 논리가 빈약합니다. 또한 자료와 판단만 있으므로 이 장표는 논리가 빈약할 수밖에 없습니다.

**고객사**

대기업도 만족하고 전문성도 풍부함

삼성, 에스케이, 현대자동차그룹 [논리 빈약] 크, 롯데, 한화 [논리 비약] HD현대, 농협, 신세계, 케이티, 씨제이, 카카오, 엘에스, 에이치엠엠, 중흥건설, 현대백화점, 부영, 네이버, 미래에셋, 에쓰-오일, 금호아시아나, 하림, 영풍, 에이치디씨 등

예를 하나 더 들어보겠습니다. 다음 쪽에 있는 장표는 워크숍을 가기 위해 여러 숙소를 조사해서 비교한 내용입니다. 그런데 내용에는 숙소 세 종류의 가격, 이동시간, 청결 등 5가지 관점으로 조사한 내용을 넣었습니다. 그런데 내용을 보면 자료와 사실과 판단이 뒤섞여 있습니다.

우선 가격을 보면 5백만 원, 6백만 원 등 자료를 적었습니다. 그런데 이동시간은 2시간, 1시간 걸린다고 되어 있는데 이건 자료가 아니라 사실입니다. 이동시간은 어떤 교통편을 이용하느냐, 어떤

길을 가는지에 따라 달라지므로 사실입니다. 만약 자료를 넣으려면 회사와 숙소의 거리직선 거리, 또는 교통 지도에서 추천하는 최소 거리 등를 적어야 합니다.

**고객사**

**이번 워크숍은 A펜션으로 가야 함**

| 구분 | A 펜션 | B 리조트 | C 호텔 |
|---|---|---|---|
| 가격 | 5백만 원 | 6백만 원 | 9백만 원 |
| 이동시간 | 2시간 | 1시간 | 3시간 |
| 청결 | 약간 지저분함 | 보통 | 매우 깨끗함 |
| 주변 풍경 | 강변 | 산속 | 읍내 |
| 소음 | 보통 | 시끄러움 | 조용함 |

청결은 완전한 판단입니다. '약간 지저분함'이란 것은 숙소를 조사한 사람의 개인적 판단입니다. 소음도 마찬가지입니다. 어떤 사람은 같은 소음을 듣고도 시끄럽다고 판단하고 어떤 사람은 상관없다고 판단할 수 있습니다. 또한 구분에서 사용한 5가지 관점 역시 판단입니다.

이 외에 다른 관점도 있을 수 있습니다. 예를 들어 주차시설, 강의장 유무, 캠프파이어 등 레저 시설 여부 등 다양한 관점이 추가될 수 있는데, 이렇게 5가지를 정한 기준에 대해 설명이 필요합니다. 헤드라인 메시지는 "이번 워크샵은 A 펜션으로 가야함"이라고 주장을 넣었습니다. 이렇게 장표 하나에 자료, 사실, 판단, 주장이 뒤섞인 경우가 많습니다. 이런 경우는 하나하나 분리해서 다시 정리해야 합니다.

정리하자면, 파워포인트 형식으로 장표를 만들고 난 다음에는 항상 자료-사실, 사실-판단, 판단-주장이 짝을 이루는지 확인해야 합니다. 내용 안에 여러 논리가 뒤섞여 있는지 확인해야 합니다. 그러면 이제부터 여러 케이스를 보면서 각각의 논리를 쓰는 법을 알아보겠습니다.

# 16

## 숫자를 쓸 때는 기술통계량을 쓰자

　자료를 보고 사실을 쓰려서 먼저 자료와 사실, 정보와 메시지를 이해해야 합니다. 우선 비즈니스에서 가장 많이 쓰는 자료 중 수치 자료부터 보겠습니다. 예를 들어 마트에서 카드로 물품을 구매했다고 해보겠습니다. 그러면 다음과 같은 내용이 든 영수증을 받습니다. 여기서 품명, 단가, 수량은 모두 자료입니다.

| 품명 | 단가 | 수량 | 금액 |
|------|------|------|------|
| 계란 | 200 | 10 | 2000 |
| 부추 | 1500 | 2 | 3000 |
| 두부 | 3000 | 1 | 3000 |

　　　　　보고서, 말이 되게 써라

| 품명 | 단가 | 수량 | 금액 |
|------|------|------|------|
| 고등어 | 6000 | 1 | 6000 |
| 합계 | | | 14000 |

　자료는 현상의 기록입니다. 현재 상태를 기록한 것이 자료입니다. 카드로 물품을 구매하면 그 때 결제 상태를 기록합니다. 비가 오면 현재 강우량을 기록하고 미세먼지가 있으면 현재 미세먼지 상태를 기록합니다. 그런데 여기서 '금액'과 '합계'는 자료일까요, 사실일까요?

　금액은 단가에 수량을 곱한 값입니다. 합계는 구매한 모든 상품을 더한 값입니다. 이때 금액은 자료이고, 합계는 사실입니다.

　단가에 수량을 곱한 것은 사람의 의도도 없고 특별한 목적도 없이 그저 계산을 하기 위함입니다. 계란 단가가 200원이고 수량이 20개면 4천 원입니다. 그저 계산이므로 자료입니다.

　하지만 합계는 다릅니다. 합계도 계산이지만 금액을 모두 더한 것 이상의 의미가 있습니다. 단순히 총 경비가 얼마인지 알고자 하는 것을 넘어서서 합계를 들을 때 느껴지는 것이 더 있습니다. 경비가 예상보다 많이 들었거나 지난번보다 줄었거나 하는 판단으로 이끌 수 있기 때문입니다. 경비를 줄이자는 주장으로 나아갈 수 있기 때문입니다. 그래서 합계는 자료가 아니라 사실입니다.

**고객사**

| 경비 총액은 14,000원 | | | |
|---|---|---|---|
| 품명 | 단가 | 수량 | 금액 |
| 계란 | 200 | 10 | 2000 |
| 부추 | 1500 | 2 | 3000 |
| 두부 | 3000 | 1 | 3000 |
| 고등어 | 6000 | 1 | 6000 |
| 합계 | | | 14000 |

그런데 자료에서는 또다른 사실을 도출할 수도 있습니다. 경비 총액이 아니라 평균을 낼 수도 있습니다. 그러면 평균이 적절하거나 많거나 적거나 하는 판단으로 나아갈 수 있습니다. 합계보다 평균이 더 적절한 판단을 이끌 수 있습니다.

**고객사**

| 평균 단가는 2,675원 | | | |
|---|---|---|---|
| 품명 | 단가 | 수량 | 금액 |
| 계란 | 200 | 10 | 2000 |
| 부추 | 1500 | 2 | 3000 |
| 두부 | 3000 | 1 | 3000 |
| 고등어 | 6000 | 1 | 6000 |
| 합계 | | | 14000 |

어떤 자료의 특성이나 패턴을 요약하고 설명하는 방법으로 합계나 평균 외에도 중앙값, 최빈값, 범위, 분산, 사분위수, 백분위수, 왜도, 첨도, 표준편차 같은 것도 있습니다. 이것을 모두 **기술통계량**이라고 합니다. 기술통계량에서 기술은 테크놀로지가 아니라 '서술하다', '진술하다'와 같이 '기술하다'라는 뜻입니다.

기술통계량이 다양하다는 말은 같은 자료에서 얼마든지 여러 사실을 도출할 수 있다는 말입니다. 어떤 직원은 합계를 내세우고, 어떤 직원은 평균을 적고, 어떤 직원은 표준편차를 얘기할 수 있습니다. 보고서 작성자가 자료의 여러 특성 중에 하나만 일부러 꼽아서 그것만 드러냄으로써 상사를 원하는 판단과 주장으로 이끌 수 있습니다.

반대로 어떤 보고자는 기술통계량 중 한 가지만 내세우고 나머지 사실은 숨길 수 있다는 말입니다. 따라서 자료와 사실을 작성하거나 검토할 때는 여러 사실 중에서 왜 그 사실을 적었는지, 그 외에 다른 중요한 사실은 없는지 확인하고 검토해야 합니다. 예를 들어 합계만 보고했더니 똑똑한 상사가 이렇게 물을 수 있습니다.

"왜 합계를 보고하는 거죠? 무슨 의미가 있죠?"

"평균은 어떤가요? 편차는요? 자료에서 특별한 점은 더 발견 못 했나요?"

여기에 대답을 못하겠다면 보고서를 말이 되게 다시 써야 합니다.

# 17

# 사실이 아니라
# 정보를 쓰자

상사는 단순히 사실을 알고자 보고받는 게 아닙니다. 상사가 사실을 알고자 하는 이유는 사실을 기반으로 어떤 문제를 파악하거나 해결하기 위함입니다. 이때 문제에 도움이 되는 것을 **'정보'**라고 합니다. 여러 사실 중에서 상사에게 도움이 되는 것이 정보입니다.

회사가 경비를 많이 써서 문제가 되고 있다고 해보겠습니다. 회사는 당연히 경비를 줄여야 합니다. 이때 경비 평균보다는 합계가 문제 해결에 도움이 되는 사실입니다. 단가가 크거나 수량이 많은 상품을 집중 관리해야 하므로 최댓값도 도움이 되는 사실입니다. 문제를 어떻게 보고 있고 어떻게 해결할지에 따라 알아야 할 정보가 다릅니다.

보고서, 말이 되게 써라

보고자는 상사가 문제를 어떻게 보고 있고 어떻게 해결하려고 보고받는지 알고 보고해야 합니다. 이때 가장 어려운 건 보고자가 선택한 사실 자체는 정보가 되지 못하지만 보고받는 사람이 가진 사실과 합쳐졌을 때 정보가 되는 경우입니다.

예를 들어 새로 입사한 직원이 이번 달 경비 내역을 보고했다고 해보겠습니다. 보고자는 단순히 경비 내역을 보고하라 해서 보고했습니다. 그런데 상사는 과거에 다른 사람에게서 계속해서 경비 내역을 보고받았습니다. 최근 1년 월별 경비 내역이 평균 5.000원 정도이고 최댓값이 10,000원이었다는 사실을 알고 있습니다. 이때 보고자가 이번 달 경비 총액이 14,000원이라 보고하면 상사는 깜짝 놀라 보고자에게 물어볼 겁니다.

"뭐죠? 왜 이렇게 많죠? 무슨 일이 있었나요?"

하지만 보고자는 상사가 왜 이렇게 묻는지 모릅니다. 그저 이번 달 경비 내역을 뽑아서 합계라는 사실 하나만 보고했을 뿐이니까요. 보고자는 자기가 올린 사실이 보고받는 사람이 가진 다른 사실과 합쳐서 새로운 정보가 될 거란 걸 몰랐습니다.

어떤 사실이 다른 사실과 합쳐질 때 문제에 도움이 되는 정보가 되는 경우가 꽤 많습니다. 따라서 사실을 도출할 때 항상 상사가 알고 있는 다른 사실과 연결해서 생각해야 합니다. 하지만 상사가 무슨 사실을 알고 있는지는 상사가 얘기하지 않으면 잘 모릅니다. 그래서 상사는 보고서를 검토하면서 자기가 알고 있는 사실을 얘기하는 겁니다. 예를 들어 이렇게 얘기합니다.

"이번 달 경비 총액이 14,000원이란 말이죠. 내가 알기로는 최근에 평균 5,000원 정도가 나왔고 가장 많이 쓴 달도 10,000원이었어요. 이번 달에 유독 경비가 많이 나온 이유가 뭔지 확인해 보세요."

하지만 매번 상사가 자기가 알고 있는 사실을 얘기하기가 짜증날 때가 있습니다. 자기가 아는 사실을 보고자가 잘 파악해서 새로운 사실을 알려주기를 원합니다. 그래서 보고자를 혼내듯이 이렇게 말할 때도 있습니다.

"이번 달 경비 총액이 14,000원이네요. 많이 쓴 건가요? 적게 쓴 건가요? 제가 이번 달 경비를 보고하라고 했을 때는 과거에 비해 많이 썼는지 적게 썼는지 특이점이 있는지 그런 걸 알고 싶은 목적이 있지 않을까요? 그러면 스스로 과거 경비와 비교해보고 경비 절감 등에 도움이 될 만한 정보를 내게 보고해야 하지 않을까요?"

이렇게 지적당하고 나면 보고하는 사람 입장에서 조금 억울할 수 있습니다. 하지만 조금만 더 생각해보면 상사 말이 옳습니다. 상사가 왜 이런 보고를 지시했는지 한번 고민을 해보면 쉽게 답이 나오는 경우도 많기 때문입니다. 그리고 비즈니스에서는 이미 이런 고민을 서식, 양식, 템플릿이란 이름으로 해결해 오고 있습니다.

# 18 사실을 알 수 있는 템플릿을 쓰자

보고를 잘하려면 다른 사실과 연관해서 생각하거나, 상사가 알고 있는 다른 사실을 추정하거나 해야 합니다. 하지만 매번 이런 식으로 생각하기는 쉽지 않습니다. 그래서 비즈니스에서는 보고 양식을 만듭니다. 어떤 사실을 보고할 때 상사가 알고자 하는 여러 사실을 한 번에 파악할 수 있도록 일종의 템플릿을 만드는 겁니다.

예를 들어 이번 달 경비 내역을 보고할 때는 최근 1년간 경비 추이와 평균을 같이 적는 템플릿을 사용하는 겁니다. 이 템플릿은 이 달의 경비 내역을 보여주면서 동시에 과거 1년의 경비와 비교합니다. 이 달에 경비를 많이 썼는지 적게 썼는지 사실을 바로 알 수 있습니다.

## 경비 내역 보고 양식

### 예) N월 경비 총액 ○○원, 과거 평균의 00%

**N월 경비 내역**

| 품명 | 단가 | 수량 | 금액 |
|------|------|------|------|
| 계란 | 200 | 10 | 2000 |
| 부추 | 1500 | 2 | 3000 |
| 두부 | 3000 | 1 | 3000 |
| 고등어 | 6000 | 1 | 6000 |
| 합계 | | | 14000 |

**월별 경비 추이**

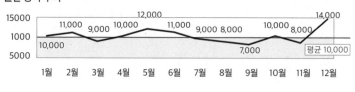

이런 양식이 잘 되어 있는 회사라면 보고서를 잘 못 쓰는 직원도 기본은 하게 됩니다. 당신이 상사라면 이렇게 양식을 만들어서 직원을 훈련시키는 것이 낫습니다. 물론 모든 보고서 양식을 이렇게 다 만들 수는 없습니다. 완전히 새로운 사실을 알아내야 할 수도 있고, 보고하는 사람이 보고 관습에 빠질 수도 있습니다. 이때는 양식을 개정하거나 새로운 양식을 빠르게 만들어야 합니다.

삼성전자는 분기마다 실적을 발표합니다. 실적 발표 자료를 보면 항상 탬플릿을 이용합니다. 첫 실적 장표를 보면 손익계산서 자료가 왼쪽에 나옵니다. 어떻게 보면 단순히 재무제표 중 하나를 보여주는 것 같지만 여기에 많은 사실을 추가했습니다.

## '23년 3분기 경영실적 및 재무현황
연결기준 전사 손익 분석

| (단위: 조원) | 3Q23 | 매출비중 | 2Q23 |
|---|---|---|---|
| **매출액** | 67.40 | 100.0% | 60.( |
| 매출원가 | 46.62 | 69.2% | 41.( |
| **매출총이익** | 20.79 | 30.8% | 18.: |
| 판관비 | 18.35 | 27.2% | 17.( |
| - 연구개발비 | 7.01 | 10.4% | 7.: |
| **영업이익** | 2.43 | 3.6% | 0.( |
| 기타영업외수익/비용 | 0.04 | - | 0.( |
| 지분법손익 | 0.26 | - | 0.: |
| 금융손익 | 1.21 | - | 0.. |
| **법인세차감전이익** | 3.94 | 5.8% | 1.: |
| 법인세비용 | (1.90) | - | (0.( |
| **순이익** | 5.84 | 8.7% | 1.: |
| 지배기업 소유주지분 순이익 | 5.50 | 8.2% | 1.! |
| **주당순이익 (원)** | 810 | | 2: |

| 주요 수익성 지표 | 3Q23 | 2Q23 | 3Q22 |
|---|---|---|---|
| **ROE** | 7% | 2% | 12% |
| 매출액 순이익률 (순이익/매출) | 0.09 | 0.03 | 0.12 |
| 총자산 회전율 (매출/총자산) | 0.60 | 0.54 | 0.68 |
| 재무 레버리지 (총자산/총자본) | 1.26 | 1.26 | 1.38 |
| **EBITDA 마진** | 17% | 16% | 26% |

3Q22    2Q23    3Q23

26%

16%    17%

12%

2%    7%

○ EBITDA Margin    ○ ROE

첫 번째로 매출비중을 추가했습니다. 매출액을 100으로 놓고 매출원가율, 매출총이익률, 매출액영업이익률, 매출액순이익률 등을 바로 알 수 있게 했습니다. 만약 손익계산서 자료만 있다면 보고받는 사람은 이렇게 말할 겁니다.

"그래서, 영업이익률이 얼마나 되는 거죠? 순이익률은요? 그런 게 내가 알고 싶은 사실 아닙니까? 그런 거 하나도 없이 자료만 적어놓으면 나더러 직접 다 계산하라는 겁니까?"

두 번째로 직전 분기와 전년 동기의 값을 같은 표로 보여줍니다. 직전 분기에 비해 얼마나 증감했는지, 전년 동기와 비교해서 얼마나 성장했는지가 중요한 사실이기 때문입니다.

세 번째로 오른쪽에 주요 수익성 지표를 추가했습니다. 재무 현황을 모두 알려주기보다는 ROE, 매출액순이익률, 총자산회전율, 재무 레버리지, EBITA 마진 등 지표만 보여줌으로써 여러 사실 중 무엇이 핵심이고 중점 관리 대상인지 명확히 정의합니다.

## 사업부문별 매출 및 영업이익

### 매출
(단위: 조원)

| | 3Q23 | 2Q23 | 3Q22 | QoQ | YoY |
|---|---|---|---|---|---|
| 총 액 | 67.40 | 60.01 | 76.78 | 12%↑ | 12%↓ |
| DX 부문 | 44.02 | 40.21 | 47.26 | 9%↑ | 7%↓ |
| VD / 가전 등 | 13.71 | 14.39 | 14.75 | 5%↓ | 7%↓ |
| VD | 7.32 | 7.25 | 7.86 | 1%↑ | 7%↓ |
| MX / 네트워크 | 30.00 | 25.55 | 32.21 | 17%↑ | 7%↓ |
| MX | 29.25 | 24.61 | 30.92 | 19%↑ | 5%↓ |
| DS 부문 | 16.44 | 14.73 | 23.02 | 12%↑ | 29%↓ |
| Memory | 10.53 | 8.97 | 15.23 | 17%↑ | 31%↓ |
| SDC | 8.22 | 6.48 | 9.39 | 27%↑ | 13%↓ |
| Harman | 3.80 | 3.50 | 3.63 | 9%↑ | 5%↑ |

### 영업이익
(단위: 조원)

| | 3Q23 | 2Q23 | 3Q22 | QoQ | YoY |
|---|---|---|---|---|---|
| 총 액 | 2.43 | 0.67 | 10.85 | 1.77 | (8.42) |
| DX 부문 | 3.73 | 3.83 | 3.53 | (0.10) | 0.20 |
| VD / 가전 등 | 0.38 | 0.74 | 0.25 | (0.36) | 0.13 |
| MX / 네트워크 | 3.30 | 3.04 | 3.24 | 0.26 | 0.06 |
| DS 부문 | (3.75) | (4.36) | 5.12 | 0.61 | (8.87) |
| SDC | 1.94 | 0.84 | 1.98 | 1.09 | (0.04) |
| Harman | 0.45 | 0.25 | 0.31 | 0.20 | 0.14 |

- 각 사업군별 매출 및 영업이익은 2021년 12월 조직개편 기준으로 작성되었으며, 부문별 매출은 부문간 내부 매출을 포함하고 있음.
- DX 부문은 투자자 혼선 방지 및 이해 제고 차원에서 개편전 기준 사업별 실적정보 제공
- DX: Device eXperience, MX: Mobile eXperience, DS: Device Solutions
- Harman의 매출 및 영업이익은 삼성전자 회계연도를 기준으로 작성되었으며, 인수와 관련된 비용이 반영되어 있음.

그 다음 장표는 사업부문별 매출과 영업이익입니다. 사업부문 별로는 법인세나 순이익, 주당순이익을 계산하긴 어려우므로 매출 과 영업이익만을 비교해서 보여주고 있습니다. 여기서 중요한 것

은 부문별 매출을 보여줄 때 주요 하위 부문만 추가해서 보여준다
는 겁니다. 예를 들어 DX 부문에서 VD/가전 사업이 있을 때 VD
사업만 따로 얼마인지 행을 추가해서 보여줍니다. 즉 중점 사업을
투자자에게 보여줌으로써 자잘한 사실은 배제하는 겁니다.

## Memory

### '23 3분기

메모리    일반 서버향 수요 상대적 약세 불구, PC/모바일 고용량화 및
재고 조정 마무리로 수요 환경 개선 가운데 AI향
고사양 제품 수요 강세 지속.
또한, 업계 전반의 감산 속 업황 저점에 대한 인식 확대로
고객사 구매 문의 다수

수익성 중심 사업 운영 기조를 유지하면서, HBM/DDR5,
UFS4.0 등 선단 인터페이스 제품 판매 지속 확대 ,
재고 수준이 여전히 높은 Legacy 제품에 대해서는
감산에 집중해 재고 수준을 낮추는데 주력

### '23 4분기

메모리    연말 프로모션 및 주요 고객사 신제품 출시 등으로
메모리 수요 개선 전망. 또한, 주요 응용처들의
고용량화 추세가 가속화되고 생성형 AI향 수요가
지속 강할 것으로 전망

Automotive 등 고수익 제품군 판매 비중 확대 속
AI 수요 증가에 대응하기 위해 주요 고객사향
HBM3 양산 판매 전면 확대 예정.
또한, 신규 Fab 램프업을 통해 DDR5, PCIe Gen5,
UFS4.0 등 신규 인터페이스 제품 수요 증가에
적극 대응 예정

**'24년**

| | |
|---|---|
| 메모리 | PC/모바일 교체 수요 및 고용량화 지속 확대 속 On-device AI 확산에 따른 DRAM 수요 증가 기대. AI향 수요 증가 및 고객사 재고 정상화에 따라 메모리 수요 점진적 회복 전망. 단, AI 위주 편중 투자, 지정학적 이슈와 함께 매크로 상황에 따른 IT 투자 변동성 등 서버향 수요 변수들에 대한 모니터링 필요 |
| | 1b나노 기반 DDR5/LPDDR5x 및 V8 기반 UFS 4.0 등 선단 공정 제품 판매 확대 예정. 업계 최고 수준의 생산능력 기반 HBM3 및 HBM3E 판매 본격화를 통해 생성형 AI 시장 수요 적극 대응 추진 |

그 다음부터는 각 사업별로 해당 분기 실적에 관한 원인 분석, 다음 분기 전망, 내년 전망과 대응 등을 적게 해 놓았습니다. 앞서 숫자 자료가 과거를 얘기한다면 다음 글자 자료는 현재를 진단하고 미래를 전망하면서 어떻게 대응할 건지 알려주고 있습니다.

흔히 대기업은 체계가 잡혀 있다고 합니다. 뭔가 하나를 쓰더라도 탬플릿이 있습니다. 모르는 사람이 보면 불필요한 문서와 양식이 가득해 보일 수 있습니다. 하지만 보고받는 사람이 어떤 자료에서 원하는 사실을 바로바로 알 수 있게 하기 위해서는 이처럼 탬플릿이 있어야 합니다. 탬플릿이 없으면 작성 시간이 줄어들겠지만 검토 시간이 늘어나고 수정하고 보완도 더 해야 합니다. 탬플릿이 있으면 작성 시간은 늘겠지만 이해관계자와 빠르고 정확히 소통할 수 있습니다.

# 사실이 2개면 사실 관계를 확인하자

예전에는 보고하는 사람이 자료에서 사실을 도출하는 일을 많이 하고, 보고받는 사람이 보고 받은 사실을 토대로 판단하는 일을 많이 했습니다. 하지만 요즘은 권한을 밑으로 많이 이양하고 업무에 책임을 많이 부여하다 보니 보고하는 사람이 적절히 판단해서 보고하는 경우가 많습니다. 이때 판단을 위해 나름 여러 사실을 한데 놓고 보고하는 경우가 많습니다.

예를 들어 다음 장표를 보겠습니다. 영업사원이 팀별 영업 이익과 관련한 자료를 보다가 영업이익과 영업사원 경력 사이에 어떤 관계가 있다는 것을 발견했습니다. 그래서 자기 나름대로 경력이 많은 영업사원이 영업이익을 높인다고 판단해서 헤드라인 메시지에 적었습니다. 과연 제대로 판단한 것일까요?

**영업이익과 영업사원 경력**

경력이 많은 영업사원이 영업이익을 높임

영업사원 경력

| 항목 | 경력(년) |
|---|---|
| A 사업팀 평균 | 6 |
| 전체 사업팀 평균 | 3 |

영업 이익

| 항목 | 금액(억 원) |
|---|---|
| A 사업팀 | 10 |
| 전체 사업팀 평균 | 5 |

일단 사실부터 보겠습니다. A 사업팀과 전체 사업팀의 영업사원 경력과 영업이익 자료를 가지고 단순히 합산하거나 평균을 낸 것입니다. 영업사원 경력에 대해서는 다음과 사실을 알 수 있습니다.

- A 사업팀 영업사원의 경력은 평균 6년이다.
- 전체 사업팀 영업사원의 경력은 평균 3년이다.
- A 사업팀 영업사원의 경력이 전체 사업팀 평균의 2배다.

영업이익에 대해서는 다음과 같은 사실을 알 수 있습니다.

● A 사업팀 영업이익은 10억 원이다.

● 전체 사업팀 영업이익의 평균은 5억 원이다.

● A 사업팀 영업사원의 영업이익은 전체 사업팀 평균의 2배다.

여기까지가 사실입니다. 그런데 보고자는 헤드라인 메시지에 경력이 많은 영업사원이 영업이익을 높인다고 판단을 적었습니다. 사실에서 판단으로 이어지는 논리처럼 보입니다. 하지만 사실과 사실의 관계를 완전히 잘못 알고 내린 판단입니다.

경력이 많은 영업사원이 영업이익을 높인다고 판단하려면 영업사원의 경력과 영업이익 사이에 인과관계가 존재해야 합니다. 그런데 이 장표에는 인과관계에 대한 어떠한 사실도 없습니다. 그저 영업사원 경력과 영업이익을 같은 장표에 써 놓은 것뿐입니다. 언뜻 보기에는 한 장표에 영업사원 경력과 영업이익이 같이 써 있으니 관계가 있어 보입니다. 하지만 한 장표에 같이 있다고 해서 두 사실이 관계가 있는 것은 아닙니다. 이때 보고받는 사람은 이렇게 질문하면 됩니다.

"영업사원의 경력이 영업이익을 높인다는 거죠? 그래서 영업사원 경력과 영업이익을 같이 썼네요? 그렇다면 둘 사이에 인과관계가 있다는 말일 겁니다. 인과관계가 있다고 판단한 근거가 뭐죠? 또 어떤 방법으로 인과관계를 증명한 거죠? 영업사원의 경력을 1년 더 높이면 영업이익은 얼마가 더 증가하나요?"

장표에 사실이 두 개 이상 있을 때는 항상 사실과 사실의 관계를 먼저 확인해야 합니다. 만약 관계가 없다면 장표를 분리하라고 지적해야 합니다. 이때 사실관계는 크게 상관관계와 인과관계가 있습니다. **상관관계**는 두 변수가 서로 통계적으로 연관은 있지만 한 변수가 다른 변수의 원인이라는 것을 의미하지는 않습니다. **인과관계**는 한 변수가 다른 변수에 직접적인 영향을 주어 변화를 일으키는 관계입니다.

예를 들어 아이스크림 판매량과 해수욕장 익사 사건 수를 보겠습니다. 여름철이 되면 아이스크림 판매량이 늘고 겨울철이 되면 판매량이 줄어듭니다. 해수욕장 익사도 여름철에 늘고 겨울철이 되면 줍니다. 이때 상관관계는 분명히 있습니다. 하지만 아이스크림 판매량이 해수욕장 익사에 직접적인 영향을 미치지는 않습니다. 인과관계는 없는 겁니다.

영업사원 경력과 영업이익은 분명 상관관계가 있습니다. 하지만 둘을 한 장표에 쓸 때는 인과관계가 있어야 합니다. 그런데 영업사원 경력과 영업이익은 분명 인과관계가 있습니다. 다만 그 정도를 잘 모를 뿐입니다. 영업사원 경력이 영업이익에 얼마나 직접적인 영향을 주는지 파악하기가 어려울 뿐입니다. 이럴 경우 직접 알아보면 됩니다.

예를 들어 영업이익에 영향을 주는 영업사원의 조건을 파악해서 관계자에게 설문하면 됩니다. 영업사원들에게 물었더니 이런 대답이 나왔다고 해보겠습니다.

"아무래도 경력이 많으면 매출도 높고 이익도 많이 내겠죠?"

"인센티브가 결정적입니다. 인센티브 많이 받을 수 있으면 더 영업이익을 높이려고 합니다."

"개인차는 있지만 그래도 고객을 얼마나 많이 확보했느냐가 영업이익에 절대적인 영향을 미칩니다."

영업사원마다 다양한 의견을 제시할 겁니다. 그러면 이런 의견을 정리해서 영업사원 대상으로 다음과 같이 설문하면 됩니다.

다음은 영업이익에 영향을 끼치는 영업사원의 조건입니다. 각 조건에 영업이익에 얼마나 영향을 끼치는지 비율을 적으세요. 단, 비율의 총합은 100이 되어야 합니다.

영업사원의 경력 (　　)%

영업사원이 확보한 고객 수 (　　)%

영업사원에게 돌아갈 인센티브 (　　)%

영업사원의 제품 이해도 ((　　)%

영업사원의 소통 방식 (　　)%

영업사원이 확보한 VIP 고객의 비중 (　　)%

기타 (　　　　　　) (　　)%

설문 결과를 바탕으로 영업이익에 가장 영향을 끼치는 영업사원의 조건을 비교적 객관적인 사실로 파악할 수 있습니다. 만약 영업사원의 경력이 다른 조건보다 영업이익에 가장 많은 영향을 끼친다면 이 사실을 판단 기준이자 근거로 삼으면 됩니다.

# 판단 기준이 적절한지
# 확인하자

무언가를 판단하려면 항상 기준이 있어야 합니다. 예를 들어 신입사원 면접을 보겠다고 해보겠습니다. 그러면 어떤 신입사원이 우리 회사에 적합한지 판단해야 합니다. 판단을 해야 채용을 할지 말지 결정할 수 있습니다. 이때 한 채용 관련 직원이 신입사원 면접 평가 기준을 다음과 같이 작성해서 보고했습니다. 여러분이 인사팀장이라면 뭘 어떻게 검토하겠습니까?

| 번호 | 신입사원 면접 평가 기준 | 배점 |
|---|---|---|
| 1 | 청결하고 단정한 차림을 했는가? | 15 |
| 2 | 성장환경이나 가정환경에 문제는 없는가? | 15 |
| 3 | 태도가 예의 바르고 솔직하게 대답하는가? | 10 |
| 4 | 질문에 논리적으로 대답하는가? | 10 |
| 5 | 지원동기가 확실한가? | 10 |
| 6 | 조직에 잘 적응할 수 있는가? | 10 |
| 7 | 자신의 삶에 대한 열정이 있는가? | 10 |
| 8 | 어려움에 잘 대처할 수 있는가? | 10 |
| 9 | 프로그램 언어 등 전문적 지식이 있는가? | 5 |
| 10 | 외국어 능력이 적절한 수준인가? | 5 |

이런 식으로 평가 기준이 단순 나열되어 있고 배점이 두루뭉실하면 죽도 밥도 안 되는 신입사원을 뽑게 됩니다. 이때 보고받는 사람은 영화 곡성의 명대사로 이렇게 물으면 됩니다.

"뭣이 중요헌디?"

그렇습니다. 보고하는 사람은 이번 신입사원 면접 평가 기준을 만들면서 무엇이 중요한지 생각하지 않은 겁니다. 신입사원을 뽑으려고 면접을 봐야 하고 면접하는 사람들이 기준은 달라하고 그래서 그냥 인터넷 뒤져서 적당한 걸 모아온 겁니다. 그러다 배점은 해야 하니 대강 고르게 점수를 주고 위에 있는 기준에 5점씩 더 주고 아래 있는 기준은 5점씩 뺀 것뿐입니다.

판단 기준이 여러 가지일 때는 항상 무엇이 더 중요한 기준인지 정해야 합니다. 보고하는 사람이 먼저 정해서 갖고 오지 않으면 보고받는 사람이 정해주거나, 보고하는 사람이 다시 정해서 가져오게 해야 합니다.

보고받는 사람이 CEO여서 최종 의사결정을 한다면 직접 뭐가 중요한지 얘기하면 됩니다. 하지만 중간 관리자는 함부로 정하기도 어렵고 정해 오라고 하기도 부담스럽습니다. 이때는 회사의 비전, 핵심 가치, 전략 등을 참고하면 됩니다. 예를 들어 회사의 핵심 가치가 열정과 솔직함이라면 이와 관련된 평가 기준의 배점을 높여서 주 기준으로 사용하면 됩니다. 나머지도 그냥 나열하지 말고 대강 묶어서 보조 기준으로 사용하면 됩니다.

| 번호 | 신입사원 면접 평가 기준 | 배점 |
|---|---|---|
| 1 | 자신의 삶에 대한 열정이 있는가? | 40 |
| 2 | 태도가 예의 바르고 솔직하게 대답하는가? | 30 |
| 3 | 문제 해결 능력이 있는가? | 20 |
| 4 | 면접관 재량(성장환경, 논리, 동기, 적응력 등) | 10 |

보고서, 말이 되게 써라

# 21 문장에서 사실, 판단, 주장을 분리하자

 

사람에 따라 다르지만 요즘 상사는 직원이 단순히 자료만 정리해서 사실을 보고하는 것보다 판단도 하고 주장도 해서 가져오기를 원합니다. 그래서 보고자는 사실과 판단과 주장을 한 문장이나 한 문단으로 정리해서 보고하곤 합니다.

여기서 잘못된 보고가 종종 일어납니다. 보고자가 명확한 사실 없이 판단이나 주장을 하거나, 판단 없이 주장하거나, 사실과 판단과 주장 사이에 논리적 관계 없이 한데 묶는 경우입니다. 예를 들어 다음 문장을 검토해 보겠습니다.

- 연말 프로모션 및 주요 고객사 신제품 출시 등으로 제품 수요 개선 전망
- 경기 침체 및 인플레이션 영향으로 중저가 제품 중심 수요 부진 지속
- 시장 수요 부진 지속 가운데 수율 향상 및 로스 절감 등으로 내실 강화하여 전분기비 실적 개선

하나씩 보겠습니다.

첫 번째 문장 "연말 프로모션 및 주요 고객사 신제품 출시 등으로 제품 수요 개선 전망"에서 "연말 프로모션 및 주요 고객사 신제품 출시"는 주장입니다. "제품 수요 개선 전망"은 판단입니다.

두 번째 문장 "경기 침체 및 인플레이션 영향으로 중저가 제품 중심 수요 부진 지속"에서도 "경기 침체 및 인플레이션 영향"은 사실이고 "중저가 저가 제품 중심 수요 부진 지속"은 판단입니다.

마지막 문장에서도 마찬가지입니다. "시장 수요 부진 지속"은 판단이고 "수율 향상 및 로스 절감 등으로 내실 강화"는 주장이고 "전분기비 실적 개선"은 기대입니다.

언뜻 보면 그럴 듯해 보입니다. 하지만 사실로 쓴 내용, 판단으로 쓴 내용, 주장으로 쓴 내용을 일단 구분해야 합니다. 그 다음에 그게 사실이 맞는지 판단으로 이어지는지 주장이 최선인지 봐야 합니다. 하나씩 보겠습니다.

첫 번째 문장을 구분하면 다음과 같습니다.

> **주장** 연말 프로모션 및 주요 고객사 신제품 출시 등으로
> **판단** 제품 수요 개선 전망

이 문장은 연말 프로모션 및 주요 고객사 신제품 출시를 하면 제품 수요가 증가한다는 말입니다. 연말 프로모션 및 주요 고객사 신제품 출시가 원인이고 제품 수요 증가가 결과입니다. 그렇다면 인과관계이므로 과거에 유사한 프로모션과 신제품 출시가 제품 수요와 어떤 관계인지 사실로 증명해야 합니다. 예를 들면 "과거 데이터를 볼 때 제품 수요 개선 기여도가 가장 높은 것은 프로모션과 신제품 출시"라는 사실을 미리 알려줘야 한다는 겁니다.

두 번째 문장을 구분하면 다음과 같습니다.

> **사실** 경기 침체 및 인플레이션
> **판단** 중저가 제품 중심 수요 부진 지속

이 문장을 만약 "경기 침체와 인플레이션으로 제품 수요 부진 지속"이라고 썼다면 딱히 문제가 될 것은 없습니다. 하지만 '중저가'가 걸립니다. 경기 침체 및 인플레이션이 제품 수요에 영향을

주는 것은 상식이니 그냥 넘어갈 수 있지만 왜 '중저가 제품'에 더 영향을 주느냐 하는 겁니다. '고가 제품'에는 영향을 주지 않는다면 당연히 주장으로 고가 제품 판매를 늘리자고 해야 하지 않을까요? 예를 들면 "고가 제품 프로모션과 조기 출시"라고 주장을 덧붙여야 한다는 겁니다.

마지막 문장을 구분하면 다음과 같습니다.

( 판단 ) 시장 수요 부진 지속
( 주장 ) 수율 향상 및 로스 절감 등으로 내실 강화
( 기대 ) 전분기비 실적 개선

여기서 문제는 "전분기비 실적 개선"이란 기대가 자료-사실-판단-주장의 논리에 끼어들어가 있다는 겁니다. 만약 기대를 집어넣겠다면 판단에 추가하는 것이 낫습니다. "시장 수요 부진 지속에도 전분기비 실적 개선이 중요"라는 판단을 먼저 하고 "수율 향상 및 로스 절감 등으로 내실 강화"라는 주장을 펴야 합니다.

많은 보고자가 논리에 약합니다. 약한 논리를 감추기 위해 문장을 늘려 쓰기도 하고 논리 순서를 뒤바꾸기도 합니다. 논리와 관계없는 내용을 덧붙이거나 중간에 삽입하기도 합니다. 이런 문장을 검토할 때는 항상 어절로 나누어서 자료인지, 사실인지, 판단인지, 주장인지 체크하고 앞뒤 관계를 확인해야 합니다.

# 빠르게 조사하고
# 정확히 분석하자

## 22  조사 대상과 범위를 미리 확인하고 조사하자

신입사원 수십 명에게 신사업 기획을 강의한 적이 있습니다. 시장을 조사하고 분석해서 사업 아이템을 도출하고 기획하고 발표 자료를 만들어서 사장님에게 발표하는 것까지 2주 과정이었습니다. 다들 참 열심히 했습니다. 저도 신입사원이었을 때 이렇게 열정이 넘쳤는지 떠올릴 정도였습니다. 그런데 열정이 넘쳐도 정말 너무 넘쳤습니다.

1주차가 지날 때쯤에 신입사원이 낸 아이디어는 정말 놀라웠습니다. 저는 제가 구글이나 삼성전자의 미래전략실 워크숍에 참여한 줄 알았습니다. 신입사원이 만들어내는 사업 아이템을 보면 향후 3년 안에 10조, 100조 매출을 일으킵니다. 투자는 얼마일까요? 매년 1조씩 투자해야 한답니다. 3년간 3조 투자하면 10조 번답니다. 더 투자하면 100조 번답니다. 우리나라에 연 매출 100조되는 회사는 삼성, 현대, SK, LG뿐입니다. 그중 몇 개는 그룹 매출을 다 더해야 100조를 넘습니다. 어떻게 사업 아이템 하나가 100조 매출을 만들 수 있겠습니까?

신입사원의 포부와 열의는 인정합니다만 비즈니스 착각이 심합니다. 이런 착각은 일을 지시받고 처음 시작하는 조사 업무에서도 나타납니다. 자료 조사 업무를 광대한 포부와 열의로 무장해서 도전하려고 하는 겁니다. 상사가 간단한 조사를 시켰는데 자기는 눈사람처럼 부풀리고 부풀려서 태산을 만들다 주체하지 못해서 무너지곤 합니다.

예를 들어 "이번 ESG 신사업 관련한 시장 규모를 조사해서 보고하세요."라고 지시받으면, 일단 글로벌 전체 시장부터 생각합니다. 구글에서 검색해 보면 ESG 채권이 4조 달러, 자산이 40조 달러, 2년새 두 배 급증… 이런 연구나 보도 내용이 잔뜩 보입니다. 일단 여기서 조사를 시작하는 겁니다.

정작 이 회사의 ESG 신사업은 ESG 보고서 작성 컨설팅입니다. 국내 ESG 보고서 작성 컨설팅 시장 규모는 얼마나 될까요? 인터넷으로 검색하면 ESG 보고서 작성 컨설팅 시장은 대략 4억 달러로, 한화 5천억 원 정도라고 알려줍니다. 한국은 전 세계 GDP의

2% 정도를 차지하니, 한국의 ESG 보고서 작성 컨설팅 시장 규모는 100억 원 정도 됩니다. 시장 조사를 잘못하면 100억 원짜리 시장 규모를 4조, 40조 달러로 부풀릴 수 있다는 말입니다.

조사가 처음부터 부풀려지는 이유는 간단합니다. 사업의 영역을 제대로 긋지 못하기 때문입니다. 사업의 영역은 이미 정해져 있습니다. 세상에 전혀 없던 새로운 사업이 아닌 이상, 대부분은 기존 사업의 범위 안에 있습니다. 기존 사업은 '업종'이라는 이름으로 체계적으로 구분되어 있습니다. 우리나라만 이런 식으로 업종을 분류하는 것이 아니라 유엔의 국제표준산업분류를 따릅니다. 업종은 국제적으로 각 사업의 영역이자 기준입니다.

시장 조사를 할 때는 항상 **표준산업분류**로 하는 것이 좋습니다. 정부가 정한 기준이라서 모든 통계가 표준산업분류로 나오기도 하고, 각 업종에서 정부가 가장 큰 구매자이기도 하기 때문입니다. 정부가 출연한 모든 연구기관도 업종을 기준으로 연구하고, 산업체 지원도 업종 단위로 합니다. 최근에 코로나 사태에서도 지원금을 업종에 따라 차등해서 줬습니다.

산업분류는 기본적으로 투입물과 산출물, 생산활동을 가지고 합니다. 이미 우리가 다 아는 내용입니다. 투입물은 Input, 산출물은 Output, 생산활동은 Process입니다. 투입, 활동, 산출, 즉 IPO입니다. 투입물이 유사하거나 산출물이 유사하거나 생산활동이 유사하거나 하면 같은 업종으로 분류됩니다.

　업종은 업태와 종목입니다. 사업자등록증에는 항상 업태와 종목이 적혀 있습니다. 전자세금계산서에도 업태와 종목을 적게 되어 있습니다. 업태는 업의 형태를 뜻합니다. 주로 투입물과 활동으로 나눕니다. 농업, 광업, 제조업, 숙박 및 음식점업, 정보통신업, 교육 서비스업, 전문 과학 및 기술 서비스업 등이 있습니다. ESG 보고서 작성 컨설팅 사업은 전문 과학 및 기술 서비스업에 포함됩니다. 투입은 전문 과학이나 기술이고, 활동은 서비스이기 때문입니다. 종목은 산출하는 방식이나 산출물의 종류, 산출물 전달 방식 등으로 나눕니다. ESG 보고서 작성 컨설팅은 경영과 관련한 과학이나 기술 지식을 자문의 방식으로 제공합니다. 그래서 종목은 경영 컨설팅업이 됩니다.

　업태와 종목은 연결되어 있어서 업태가 상위 범주이고 종목이 하위 범주가 되곤 합니다. 그래서 표준산업분류도 산업을 업태로 크게 나누고 그 아래에 세세한 종목을 나열합니다. 일반적으로 산업분류의 중간 범주까지는 업태라 하고 맨 마지막 범주를 종목이라고 합니다.

　팀원에게 ESG 보고서 작성 컨설팅 신사업의 시장 규모 조사를 지시할 때는 업종을 먼저 정확히 일러줘야 합니다. 만약 팀장도 신사업이 어떤 업종을 모르겠다면 시장 규모 조사를 하기 전에 어떤 업종에 해당하는지 먼저 확인하거나 업종 조사를 시켜야 합니다. 어느 업종에 해당하는지도 말을 해주지 않거나, 업종부터 조사하라고 안 하면 팀원은 항상 맨 상위 업종부터 조사할 수밖에 없습니다. 그러면 시장 규모는 수십, 수백 조가 되어 버립니다. 팀장이 조사의 범위나 범주를 명확히 알려줘야 팀원이 제대로 조사할 수 있습니다.

# 23 다른 사람이 조사한 것을 활용하자

많은 사람들이 무언가를 조사할 때 자기가 처음 조사하는 줄 압니다. 예를 들어 워크숍을 가기로 했습니다. 적당한 장소를 물색하고 평가하고 선정해야 합니다. 이때 필요한 자료를 본인이 직접 다 찾아야 하는 줄 압니다. 하지만 인터넷에서 검색만 하면 나보다 앞서 누군가가 이미 워크숍 장소를 물색했고, 평가했고, 선정했습니다. 지역이나 규모, 금액 같은 조건으로 추천하는 글이나 유튜브 영상이 넘칩니다.

간혹 내년 트렌드를 조사해야 할 때도 있습니다. 이때는 서점에 가면 됩니다. 연말이 되면 서점에 트렌드 책이 넘쳐납니다. 이런 책을 일일이 읽어보지 않아도 됩니다. 목차와 용어만 잘 정리해도 훌륭한 트렌드 보고서가 됩니다. 서점에 가는 것이 귀찮다면 인터넷 서점에서 검색해도 됩니다.

특정 기업이나 경쟁사, 특정 산업을 조사해야 할 때도 있습니다. 이때도 내가 처음 조사할 필요가 없습니다. 네이버 같은 포털의 증권 페이지만 들어가도 증권사가 분석해 놓은 자료가 잘 정리되어 있습니다.

여러분이 자료 조사 전문업체에 다니고 자료 조사 전문요원이면 어떤 것을 처음 조사할 수 있습니다. 그런데 보통 회사, 보통 팀에서 자료를 처음 조사할 일은 극히 드뭅니다. 이건 내부 자료도 마찬가지입니다. 예를 들어 사내 컴퓨터 관련 자산 현황을 조사해서 보고하라는 지시가 왔다고 해보겠습니다. 이런 조사는 처음이니까 모든 팀의 자리를 돌아다니면서 컴퓨터, 모니터, 마우스, 키보드, 태블릿 같은 것이 있는지 찾아야 할까요?

자산이란 것이 갑자기 하늘에서 툭 떨어지는 것이 아닙니다. 회사의 자산은 항상 구매 프로세스를 거쳐야 합니다. 누군가 구매 품의를 올려야 하고 누군가 승인을 해야 하고 누군가 그 과정을 검토해야 합니다. 누군가 그 일에 독점권을 갖고 있을 겁니다. 총무팀이 독점권을 가지고 있다면 사내 컴퓨터 관련 자산 현황을 조사한 자료가 있는지 총무팀에 먼저 물어보면 됩니다. 총무팀이 따로 조사한 것이 없다면 구매 자료를 받으면 됩니다. 구매 자료를 토대로 구매자를 추출해서 해당 구매 자산 보유 여부만 메일이나 회의 때 물어보면 됩니다.

　어느 지역의 매출이 갑자기 떨어져서 문제가 뭔지 조사하려고 할 때도 마찬가지입니다. 일단 그 지역의 매출 관리자나 영업 부서장부터 만나야 합니다. 그들도 이미 뭔가를 조사했을 겁니다. 아니면 영업 대표나 지점 직원이라도 만나면 됩니다. 항상 누군가가 먼저 조사했다는 생각을 가지는 것이 중요합니다. 그렇다면 팀장이 팀원에게 조사를 지시할 때는 누군가가 먼저 조사했을 테니 그 사람부터 찾아보라고 하면 됩니다.

　재미있는 얘기가 있습니다. 페르미 문제 또는 페르미 추정이란 것이 있습니다. 어떤 문제에 대해 기초적인 지식과 논리적 추론만으로 짧은 시간 안에 대략적인 근사치를 추정하는 방법입니다. 대표적인 문제가 시카고의 피아노 조율사 수를 맞히는 문제입니다. 이 문제는 페르미가 실제로 시카고대학 학생들에게 출제했다고 합니다. 여러분 같으면 어떻게 시카고의 피아노 조율사 수를 추정하겠습니까? 페르미는 일단 가정부터 하면 된다고 합니다.

- 시카고의 인구는 약 300만명이다.
- 가구당 구성원은 약 3명이다.
- 피아노 보유율을 10% 정도라 하면 10만 가구가 피아노를 갖는다.

- 피아노 조율은 일 년에 한 번 한다고 가정한다.
- 조율사가 조율에 걸리는 시간은 이동시간을 포함해 2시간 정도이다.
- 조율사는 하루 8시간, 주 5일, 1년에 50주간 일한다.

자, 이제 가정을 바탕으로 대략적인 숫자를 추정합니다.

- 시카고는 총 100만 가구다.
- 피아노는 총 10만 대다.
- 피아노 조율은 연간 10만 건이다.
- 피아노 조율사는 1년간 1000대를 조율한다.
- 피아노 조율사는 100명이다.

그러면 저도 여러분에게 문제를 내 보겠습니다. 우리나라의 피아노 조율사는 몇 명인가요? 혹시 페르미 추정으로 계산하시나요?

그런데 앞서 말씀드렸듯이 이런 것조차 누군가 먼저 조사하지 않았을까요? 구글에서 피아노 조율사 협회를 검색해 보겠습니다. 한국피아노조율사협회가 있습니다. 협회 홈페이지에 들어가서 협회 소개 페이지를 보니 국내에서 활동하는 피아노조율사는 2,000에서 2,500명 정도라고 나와 있습니다. 더 정확하게 알고 싶으면 협회에 전화하면 됩니다. 이런 저런 이유로 피아노 조율사가 정확히 몇 명인지 알고 싶다고 하면 협회 담당자가 웬만하면 다

보고서, 말이 되게 써라

알려줍니다.

기업에서 찾는 시장 자료, 산업 자료, 고객 자료, 내부 자료 같은 것은 협회에 가면 많이 있습니다. 협회는 협회원이 공통적으로 하는 일 중 일부를 대신하죠. 시장 조사나 통계 분석, 자료 수집이나 세미나 운영, 정부 대응이나 외부 협력 같은 일입니다. 그러다 보니 은근히 자료를 많이 가지고 있습니다.

우리가 어느 회사를 가든 협회 하나쯤은 등록되어 있습니다. 대기업이면 전경련, 대한상의, 경총 같은 경영자단체 중 하나 이상에 소속되어 있습니다. 업종 협회도 많아서 석유화학업체면 석유화학협회, 철강업체면 철강협회, 패션업체면 의류협회 같은 데에 다 등록되어 있습니다. 직무 협회도 있습니다. 인사 업무를 한다면 인사협회, 재무 업무를 한다면 재무회계협회, 영업을 한다면 영업협회 같은 것이 있습니다.

협회 회원사는 협회에 회비를 냅니다. 회비는 협회 직원의 월급이 됩니다. 협회 직원에게 자료 요청 같은 것을 하면 협회 직원도 좋아합니다. 협회 직원은 협회원에게 최대한 서비스를 잘해야 하고 그것이 본업이기 때문입니다. 협회가 갖고 있지 않는 자료라면 협회 직원이 대신 찾아 주기도 합니다. 협회도 회원사가 원하는 자료를 미리 갖고 있으면 좋습니다. 협회 자료실에 올려놓기도 하고 뉴스레터에 실어서 보내도 반응이 좋습니다.

현실적으로는 협회를 들락날락하는 사람을 잘 안 좋게 봅니다. 일은 안 하고 협회 다니면서 인맥만 쌓는다고도 하고, 협회 행사에 공짜 밥 먹으러 간다고도 합니다. 다른 회사 사람들 만나서 이직 궁리한다고도 합니다. 팀장이든, 팀원이든 괜히 눈치도 보이고 하니 협회 활동을 잘 안 합니다. 하지만 협회 활동을 많이 하는 사람은 임원급입니다. 임원들은 협회가 주관하는 조찬 모임, 오찬 모임, 만찬 모임, 주말 골프 모임 같은 것을 빼놓지 않고 참석합니다. 그 이유가 다 있습니다. 진짜 중요한 정보는 인터넷이 아니라 사람에게 있습니다. 임원은 뭔가를 알고 싶으면 항상 사람을 먼저 찾습니다. 그 자료를 갖고 있거나 갖고 있을 사람에게 말입니다. 그리고 부탁을 합니다. 자료를 달라고 하거나, 대신 조사해 달라고 합니다.

자료의 가치가 높을수록 직접 조사하는 것이 문제가 됩니다. 예를 들어 여론 조사 같은 것을 직접 하는 건 큰 위험입니다. 조사 방식도 잘 모르고 결과도 제대로 설명할 수 없습니다. 한번도 가보지 않은 어떤 국가의 시장을 조사할 때도 마찬가지입니다. 이런 것은 전문 시장조사업체에 외주를 주는 것이 좋습니다. 무턱대고 조사를 지시하거나 조사할 것이 아니라 우리 팀이 할 수 있는지 없는지 먼저 결정부터 해야 합니다. 우리가 못할 것 같다면 상위 부서장에게 공을 넘기든지, 아니면 외주 업체를 사용해야 한다고 보고하면 됩니다.

# 24 현황은 원인과 결과로 분석하자

보고서든, 기획서든, 제안서든 항상 현황을 잘 분석해야 합니다. 현황을 분석할 때는 먼저 외부를 분석하고 그 다음에 내부를 분석합니다.

**외부 분석**은 크게 시장, 정치, 사회, 경제, 기술, 문화 등 거시적인 환경에서부터 산업, 고객과 경쟁사까지 분석해서 원인을 찾는 것입니다. **내부 분석**은 내부의 경영 활동에서 원인을 찾는 것입니다. 삼성전자 실적자료에는 외부와 내부 원인을 분석해서 사업군별 실적과 향후 전망이 적혀 있습니다.

## 사업군별 3Q 실적 및 향후 전망

| DS |
|:--:|

**【3분기】**

□ 메모리 : 매크로 불확실성 지속 가운데 재무 건전화 위한 고객사의 재고조정 영향 예상 상회 및 소비자향 제품군 수요 둔화세 지속으로 Bit 성장 가이던스 하회 및 실적 감소

- DRAM : 업계 전반의 수요 둔화세 심화 속 무리한 저가 판매 지양 통한 수익성 중심 판매 기조 유지. 단, 이에 따른 재고 수준 증가
- NAND : 모바일/서버 OEM향 고용량 제품 비중 확대 불구, 주요 고객사 재고 조정 및 모바일 중심 Set Build 수요 약세로 Bit 성장 하회

□ S.LSI : 모바일/TV 등 수요 둔화로 실적 하락

**【4분기】**

□ 메모리 : 고객사 재고조정 영향 지속 전망 속 고용량 제품 중심 수요 적극 대응하여 DRAM/NAND 공히 시장 상회하는 분기 출하량 추진단, 원가 경쟁력 고려한 제품 믹스 운영 통해 DRAM 수익성 확보

- DRAM : 64GB 이상 고용량 및 모바일향 LPDDR5x 수요 적극 대응
- NAND : 고성능/고용량 제품 수요 대응 속 가격 탄력성 고려한 신규수요 창출

□ S.LSI : 모바일 고객사 신제품 출시에 따라 SoC 매출 증가 예상 및, 2억화소 센서 판매 확대 추진

**【'23년】**

□ 메모리 : 신규 CPU 및 신규 모델향 채용량 증가 등으로 서버/모바일 중심 하반기 수요 회복 기대. 단, 매크로 경기 따른 수요 영향성 지속 확인 필요

□ S.LSI : SoC 사업 재정비 통해 경쟁력 회복 및 플래그십 제품 위상 공고화

보고서, 말이 되게 써라

간단한 예를 하나 보겠습니다. 다음은 스마트폰 부문의 실적을 설명한 것입니다.

"시장, 비수기 진입 / 국제 정세 불안정으로 전분기/전년비 수요 감소. 당사, Ultra 중심 S22 시리즈 판매 호조, 프리미엄 경험 확대 적용한 Mass 5G 신모델 판매 확대, Tab S8 출시로 프리미엄 태블릿 등 매출 호조, 웨어러블 등 Device Eco 제품군 견조한 판매로 전분기비 매출 성장 및 수익성 향상"

이 내용을 하나씩 보겠습니다. 먼저 외부 환경을 얘기하고 있습니다. 시장이 비수기에 진입했고, 국제 정세가 불안정하다는 겁니다. 그래서 전분기와 전년 동기 대비해서 시장의 수요가 감소했다는 겁니다. 수요 감소의 원인으로 시장 비수기와 국제 정세 불안정을 얘기합니다.

| 원인 | | 결과 |
|------|------|------|
| 시장 비수기 진입<br>국제 정세 불안정 | ⇨ | 수요 감소 |

외부 환경을 분석했으면 이제 내부 경영 활동을 분석합니다. 삼성전자가 분석한 내용을 보면 주로 제품에 대해서 말합니다. 'Ultra 중심 S22 시리즈 판매 호조'는 S22 시리즈 중에서 Ultra 모델이 잘 팔린다는 말입니다. 즉 한 제품만 만들지 않고 여러 모델을 만들었고 그것이 어느 정도 적중했다는 말입니다. 또한 '프

리미엄 경험 확대 적용한 Mass 5G 신모델 판매 확대'는 프리미엄 경험 확대를 적용한 신모델을 만들었다는 것이고 판매를 위해 여러 노력을 경주했다는 뜻입니다.

'Tab S8 출시로 프리미엄 태블릿 등 매출 호조'는 새로운 모델인 Tab S8을 출시했고, 프리미엄 태블릿 시장을 잘 진출했다는 얘기입니다. 마지막으로 '웨어러블 등 Device Eco 제품군 견조한 판매'는 Device Eco 제품군의 판매를 안정적으로 잘 관리했다는 말입니다. 이런 경영 활동의 결과로 수요 감소에도 불구하고 매출과 이익이 늘어났다고 인과관계를 설명하고 있습니다.

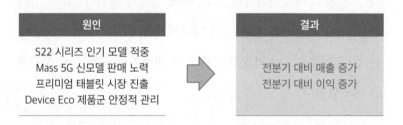

| 원인 | | 결과 |
|---|---|---|
| S22 시리즈 인기 모델 적중<br>Mass 5G 신모델 판매 노력<br>프리미엄 태블릿 시장 진출<br>Device Eco 제품군 안정적 관리 | ➡ | 전분기 대비 매출 증가<br>전분기 대비 이익 증가 |

우리가 이런 분석을 하는 이유는 원인을 바꿔서 결과에 영향을 주기 위함입니다. 그런데 많은 사람들이 외부 환경의 원인을 바꿀 수 없다고 생각하고 포기합니다. 시장이 비수기에 진입하고 국제 정세가 불안정한 원인을 일개 기업이 어떻게 바꾸겠냐 합니다. 이런 외부 현상이 지속되면 트렌드라고 합니다. 트렌드는 지켜보고 이해하는 것이지 바꿀 수 있는 건 아니라고 생각합니다. 완전히 잘못된 생각입니다.

정치, 경제, 사회, 기술 트렌드를 분석하는 PEST 기법이 있습니다. 이것은 트렌드를 이해하기 위한 것이기도 하지만 트렌드를 바꾸기 위한 것이기도 합니다. 실제로 우리는 정치, 경제, 사회, 기술을 모두 바꾸고 있습니다. 우리가 원하는 쪽으로 트렌드를 만들고 있습니다. 예를 들어 거의 모든 기업이 협회에 소속되어 있습니다. 협회에 협회비를 냅니다. 협회의 가장 중요한 업무는 대관 업무, 즉 정부로 하여금 협회사의 이익을 보장하고 손해를 최소화하도록 요구를 하거나 압박을 하는 업무입니다. 힘있는 협회는 실제로 새로운 정부가 들어설 때마다 차기 정부 정책을 제안하고, 각종 법안 마련이나 검토에 적극 나서서 의견을 개진합니다. 국제 정세에도 국제 협회를 통해 의견을 냅니다.

경제도 마찬가지입니다. 주요 그룹에는 증권사와 경제연구소가 있습니다. 증권사는 끊임없이 리포트를 발행하며 경제에 대해 논합니다. 경제연구소도 소속 그룹의 이익을 위해 경제지를 발행하거나 각종 세미나를 통해 전망을 밝힙니다. 사회도 마찬가지입니다. 공익재단을 만들어서 연구하거나 기부하거나 행사를 여는 방식으로 사회적 트렌드를 만들어냅니다. 기술도 마찬가지입니다. 국가가 장기적인 기술 개발에 나랏돈을 많이 쓰도록 독촉합니다. 정부는 어떤 기술이 필요한지 대학이나 산업계에 묻습니다. 기업은 직접 개발하기 어려운 장기 미래 기술은 정부가 대신 개발하도록 요청합니다.

외부 환경을 더 이상 '탓'이란 말로 남일처럼 치부할 수 없습니다. 외부 환경 때문에 수요가 감소했다고 하면 외부 환경을 바꾸는 방법을 생각해내야 합니다. 팀이 혼자 할 수 없다면 전사 차원에서, 전사 차원에서 불가능하다면 협회나 산업계 차원에서, 그 이상이 필요하다면 국회나 정부에 요청해야 합니다. 하지만 현실적으로 외부 환경을 기업 내부에서 다루기는 어렵습니다. 그래서 외부 환경은 대관 업무를 하는 부서나 관련 임원에게 맡기고, 보통 팀장은 내부 경영 분석에 집중합니다.

**내부 경영 분석**은 내부 경영 활동으로 어떤 결과가 나왔는지 인과 관계를 보는 일입니다. 이때 결과는 매출이나 이익 등 손익이 될 수도 있고, 시장 점유율이나 등수가 될 수도 있습니다. 특허 등록이나 이미지 개선 같은 것도 결과가 될 수 있습니다. 하지만 일반적으로는 손익과 같은 재무 관점에서 결과를 봅니다. 재무는 재무제표라 해서 회계기준에 따라 작성합니다. 재무제표는 당연히 결과에 대한 분석입니다. 내부 경영이라는 원인을 분석할 때는 재무제표를 사용할 수가 없습니다.

내부 경영을 분석할 때는 관리회계를 봐야 합니다. 흔히 재무제표 같은 것은 재무회계의 결과입니다. 재무보고서는 정부나 투자자 등 기업 외부의 이해관계자를 위해 만들어진 보고서입니다. 관리회계는 기업 내부에서 경영 활동을 파악하고 의사결정하기 위한 재무 정보입니다.

손익계산서에서 비용은 크게 매출원가와 판관비로 나뉘지만, 관리회계적으로는 운영비와 투자비로 나뉩니다. 운영비는 말 그대로 일반적인 경영 활동에 필요한 돈입니다. 투자비는 특정 원자재, 특정 설비, 특정 제품, 특정 마케팅 등에 우선 사용되거나 특정 부서에 집행권을 주거나 추가로 투자한 돈입니다. 운영비를 잘 사용한다는 말은 관리를 잘 한다는 뜻입니다. 투자비를 잘 사용한다는 말은 기획을 잘 한다는 뜻입니다.

앞의 예에서 봤던 내부 경영 활동 중에 'Device Eco 제품군 안정적 관리'와 'Mass 5G 신모델 판매 노력'은 관리에 해당합니다. 'S22 시리즈 인기 모델 적중'과 '프리미엄 태블릿 시장 진출'은 기획에 해당합니다. 내부 경영 분석에서 돈 분석은 운영비를 어떻게 관리해서 어떤 결과가 나왔는지, 투자비를 어떻게 기획해서 어떤 결과가 나왔는지 보는 것입니다.

운영비를 적절히 관리했다면 '안정적 관리', '운영 최적화' 등으로 표현할 수 있습니다. 운영비를 절감했다면 '원가 절감', '운영 효율화' 등으로 표현할 수 있습니다. 운영비를 초과했다면 '원가 부담', '생산 경쟁력 약화' 등으로 표현할 수 있습니다. 투자비를 잘 기획해서 성과를 냈다면 '제품 차별화', '시장 안착' 등으로 표현할 수 있고, 성과를 못 냈다면 '시장 확대에 난항', '경쟁 심화' 등으로 표현할 수 있습니다.

# 25 데이터 설명을 분석이라고 쓰지 말자

많은 사람들이 데이터 정리를 분석이라고 생각합니다. 데이터를 정리해 놓고 분석했다고 말합니다. 데이터 정리는 분석을 위한 준비 과정입니다. 정리한 데이터를 해명하거나 의미를 명료하게 하는 것이 분석입니다.

**분석**分析이란 말의 사전적 의미는 칼로 자르고 도끼로 벤다는 뜻입니다. 얽혀 있거나 복잡한 것을 풀어서 개별적인 요소나 성질로 나누고 나서 논리적으로 해명하는 것입니다. 얽혀 있거나 복잡한 것을 풀어서 개별적인 요소나 성질로 나누는 것이 **데이터 정리**입니다. 그 다음에 그것을 논리적으로 해명하는 것이 분석입니다.

비즈니스에서 정량 데이터를 분석할 때는 복잡한 것을 풀어서 개별적인 요소나 성질로 나누어 논리적으로 해명하는 방법을 사용합니다. 정성 데이터를 분석할 때는 개념이나 문장을 보다 단순한 개념이나 문장으로 나누어 그 의미를 명료하게 하는 방법을 사용합니다.

예를 들어 홈페이지 방문자 분석을 한다고 해보겠습니다. 우선 방문자 데이터를 수집해야 합니다. 방문자 데이터는 서버에 로그 파일로 기록되곤 합니다. 파일을 찾아서 열어보면 다음 그림처럼 얽히고 복잡한 형태로 되어 있습니다.

```
66.249.66.192 - - [21/Jun/2018:02:08:49 +0200] "GET /sitemap_index.xml HTTP/1.1" 301 -
"-" "Mozilla/5.0 (compatible; Googlebot/2.1; +http://www.google.com/bot.html)"
66.249.66.192 - - [21/Jun/2018:02:08:49 +0200] "GET /sitemap.xml HTTP/1.1" 200 1637 "-"
"Mozilla/5.0 (compatible; Googlebot/2.1; +http://www.google.com/bot.html)"
66.249.66.221 - - [21/Jun/2018:02:20:18 +0200] "GET /amp/seo/optimisation-on-site/
analyse-de-logs.html HTTP/1.1" 200 9293 "-" "Mozilla/5.0 (Linux; Android 6.0.1; Nexus 5X
Build/MMB29P) AppleWebKit/537.36 (KHTML, like Gecko) Chrome/41.0.2272.96 Mobile Safari/
537.36 (compatible; Googlebot/2.1; +http://www.google.com/bot.html)"
66.249.66.223 - - [21/Jun/2018:02:20:24 +0200] "GET /amp/skin/frontend/amp/custom/fonts/
opensans-bold-webfont.woff2 HTTP/1.1" 200 19676 "-" "Mozilla/5.0 (Linux; Android 6.0.1;
Nexus 5X Build/MMB29P) AppleWebKit/537.36 (KHTML, like Gecko) Chrome/41.0.2272.96 Mobile
Safari/537.36 (compatible; Googlebot/2.1; +http://www.google.com/bot.html)"
66.249.66.221 - - [21/Jun/2018:02:20:30 +0200] "GET /amp/skin/frontend/amp/custom/fonts/
opensans-bold-webfont.woff HTTP/1.1" 304 - "-" "Mozilla/5.0 (Linux; Android 6.0.1; Nexus
5X Build/MMB29P) AppleWebKit/537.36 (KHTML, like Gecko) Chrome/41.0.2272.96 Mobile
Safari/537.36 (compatible; Googlebot/2.1; +http://www.google.com/bot.html)"
66.249.66.221 - - [21/Jun/2018:02:30:52 +0200] "GET /media/css_secure/
dc99e6e3eebcaa34d571d04b205401d0.css HTTP/1.1" 200 1571 "https://www.410-gone.fr/e-
commerce/magento/developpeur-magento/expert-magento/certifications/frontend-
developer.html" "Mozilla/5.0 AppleWebKit/537.36 (KHTML, like Gecko; compatible;
Googlebot/2.1; +http://www.google.com/bot.html) Safari/537.36"
66.249.66.223 - - [21/Jun/2018:03:45:46 +0200] "GET /architecture-web/apache.html HTTP/
1.1" 200 5383 "-" "Mozilla/5.0 (compatible; Googlebot/2.1; +http://www.google.com/
bot.html)"
66.249.66.221 - - [21/Jun/2018:04:02:46 +0200] "GET /amp/seo/optimisation-on-site/robots-
txt.html HTTP/1.1" 200 7454 "-" "Mozilla/5.0 (Linux; Android 6.0.1; Nexus 5X Build/
MMB29P) AppleWebKit/537.36 (KHTML, like Gecko) Chrome/41.0.2272.96 Mobile Safari/537.36
(compatible; Googlebot/2.1; +http://www.google.com/bot.html)"
66.249.66.223 - - [21/Jun/2018:04:02:48 +0200] "GET /amp/skin/frontend/amp/custom/fonts/
opensans-bold-webfont.woff2 HTTP/1.1" 200 19676 "-" "Mozilla/5.0 (Linux; Android 6.0.1;
Nexus 5X Build/MMB29P) AppleWebKit/537.36 (KHTML, like Gecko) Chrome/41.0.2272.96 Mobile
Safari/537.36 (compatible; Googlebot/2.1; +http://www.google.com/bot.html)"
```

이 데이터를 일단 분류해야 합니다. 분류하려면 뭔가 기준이 필요합니다. 일반적으로 데이터 분류 기준은 해당 도메인별로 어느 정도 정해져 있습니다. 홈페이지 방문자 데이터 분류는 방문자 IP 주소, 방문 시간, 접속 페이지, 유입 경로, 웹 브라우저 종류와 버전, OS 종류와 해상도, 로그인 여부, 사용자 아이디 등이 있습니다. 매출 데이터 분류는 판매 시간, 고객, 제품, 매장, 관련 부서 등이 있고, 콜센터 데이터 분류는 통화 시간, 고객명, 고객 아이디, 문의 종류, 관련 제품, 해결 여부, 해결 방식, 담당자 등이 있습니다. 손익 데이터 분류는 기간별 매출, 매출원가, 판관비, 영업외수익, 영업외비용, 법인세 등이 있습니다. 이런 분류의 결과로 엑셀에서 열을 만들 수 있습니다. 데이터 분석에서는 열을 보통 차원, 범주, 카테고리 등으로 부릅니다.

이제 해당 열에 맞게 데이터를 집계합니다. 만약 집계를 하지 않고 그냥 모든 데이터를 집어넣으면 로 데이터를 엑셀로 옮긴 것에 불과합니다. 따라서 데이터를 일정한 기준에 따라 합산해야 합니다. 예를 들어 방문 시간을 초 단위로 하지 않고 시간별로, 날짜별로, 월별로 합산할 수 있습니다. 이때 접속자 IP, 접속 페이지, OS 종류가 같은 경우를 개수로 집계합니다. 이렇게 하면 데이터 정리가 일단락됩니다.

| 월 | 접속자 IP | 접속 페이지 | OS 종류 | … |
|---|---|---|---|---|
| 1월 | 22 | 68 | 3 | |
| 2월 | 56 | 96 | 4 | |
| 3월 | 270 | 756 | 4 | |

| 월 | 접속자 IP | 접속 페이지 | OS 종류 | ... |
|---|---|---|---|---|
| 4월 | 93 | 183 | 4 | |
| 5월 | 59 | 105 | 3 | |

데이터 정리를 했으면 이제 데이터 분석을 시작합니다. 이때 데이터 설명을 데이터 분석으로 혼동하는 사람들이 많습니다. 예를 들어 앞 표를 제시한 다음 분석 결과랍시고 다음과 같이 설명하는 경우가 있습니다.

"접속자는 3월에 가장 많다."

"OS 종류는 최대 4가지다."

"접속자와 접속 페이지는 비례한다."

"두 번째로 접속자가 많은 달은 4월이다."

이런 것은 단순한 데이터 설명입니다. 데이터의 내용 중 특이한 것을 찾아서 강조하는 겁니다. 이런 것은 데이터를 보면 압니다. 뻔히 데이터 보면 아는 것을 다시 한번 말할 필요는 없습니다. 물론 강조를 하겠다는 어떤 전략적 의도가 있을 수도 있습니다만, 데이터 분석과는 거리가 멉니다.

## 26 실적은 항상 계산해서 분석하자

비즈니스에서 분석은 기본적으로 인과 분석입니다. 환경 분석, 시장 분석, 고객 분석, 매출 분석, 영업 분석, 생산 분석… 이런 분석은 모두 인과를 찾기 위한 것입니다. 이중에서 가장 중요한 것은 결국 매출과 이익 분석입니다. 매출과 이익이 왜 그렇게 나왔느냐 하는 것입니다.

부서장 회의는 거의 모두 매출과 이익이 왜 그렇게 나왔는지 알아내는 회의입니다. 이런 회의의 결과는 전사 실적으로 나타납니다. 예를 들어 삼성전자가 매 분기 발표하는 실적자료를 보겠습니다. 전부해서 6장 정도밖에 되지 않습니다. 하지만 철저하게 인과관계로 장표가 구성되어 있습니다.

이 자료는 전사 손익 분석, 사업군별 매출 및 영업이익, 사업군별 실적 및 향후 전망으로 구성되어 있습니다. 전사 손익 분석은 손익계산서와 주요 수익성 지표입니다. 매출과 이익을 손익계산의 방법으로 나타낸 것이므로 경영활동의 결과입니다.

## 전사 손익 분석

| (단위: 조원) | 3Q '22 | ( 매출비중 ) | 2Q '22 | ( 매출비중 ) | 3Q '21 |
|---|---|---|---|---|---|
| 매출액 | 76.78 | 100.0% | 77.20 | 100.0% | 73.98 |
| 매출원가 | 48.07 | 62.6% | 46.27 | 59.9% | 42.90 |
| 매출총이익 | 28.71 | 37.4% | 30.93 | 40.1% | 31.08 |
| 판관비 | 17.86 | 23.3% | 16.84 | 21.8% | 15.26 |
| - 연구개발비 | 6.27 | 8.2% | 6.25 | 8.1% | 5.11 |
| 영업이익 | 10.85 | 14.1% | 14.10 | 18.3% | 15.82 |
| 기타영업외수익/비용 | 0.03 | - | △0.14 | - | 0.10 |
| 지분법손익 | 0.31 | - | 0.26 | - | 0.27 |
| 금융손익 | 0.66 | - | 0.24 | - | 0.17 |
| 법인세차감전이익 | 11.86 | 15.4% | 14.46 | 18.7% | 16.36 |
| 법인세비용 | 2.47 | - | 3.36 | - | 4.06 |
| 순이익 | 9.39 | 12.2% | 11.10 | 14.4% | 12.29 |
| 지배기업 소유주지분 순이익 | 9.14 | 11.9% | 10.95 | 14.2% | 12.06 |
| 기본 주당순이익 (원) | 1,346 | | 1,613 | | 1,776 |

### 주요 수익성 지표

| | 3Q '22 | 2Q '22 | 3Q '21 |
|---|---|---|---|
| ROE | 12% | 14% | 17% |
| 매출액 순이익률 (순이익/매출) | 0.12 | 0.14 | 0.17 |
| 총자산 회전율 (매출/총자산) | 0.68 | 0.71 | 0.75 |
| 재무 레버리지 (총자산/총자본) | 1.38 | 1.38 | 1.38 |
| EBITDA 마진 | 26% | 30% | 32% |

| | 3Q '21 | 2Q '22 | 3Q '22 |
|---|---|---|---|
| EBITDA Margin | 32% | 30% | 26% |
| ROE | 17% | 14% | 12% |

→ROE  ■EBITDA Margin

전사 손익 분석은 회계 기준에 따라 결과를 향해서 나아갑니다. 매출에서 매출원가를 빼고 매출총이익을 구하고, 판관비를 빼서 영업이익을 구하는 방식으로 최종 주당순이익을 계산합니다. 손익이라고 하는 복잡한 내용을 풀어서 개별적인 요소나 성질로 나눈 겁니다.

"그 회사는 돈 좀 버나?"라는 질문은 너무나 복잡하고 얽혀 있어서 "네, 돈 좀 법니다."라고 말하기는 어렵습니다. 그래서 손익을 분석해서 개별 요소나 성질로 나눠 값을 알려줍니다. 여기에 덧붙여 추이와 비교도 해줍니다. 전 분기 값을 같이 보여줌으로써 추이를 알려줍니다. 전년 같은 분기 값을 보여줌으로써 비교도 해줍니다.

손익 분석은 비교적 쉽습니다. 계산만 하면 됩니다. 매출액과 매출원가는 순이익의 원인 중 하나입니다. 순이익은 매출액과 매출원가 등의 결과입니다. 표의 위에서부터 원인이 있고 아래로 내려가면서 결과가 나타나는 인과관계입니다. 매출액이 높으면 순이익은 높아집니다. 매출원가가 높으면 순이익은 낮아집니다. 매출총이익이 높으면 순이익이 높아집니다. 판관비가 높아지면 순이익은 낮아집니다.

보통 직장인은 전사 손익을 볼 일이 자주 없습니다. 손익 분석을 할 일도 거의 없습니다. 보통은 팀장이 참석하는 경영회의에서 기획팀이나 재무팀이 발표하는 내용은 듣기만 하고 끝납니다.

중요한 것은 그 다음입니다. 사업군별 매출 및 영업이익입니다. 이건 우리 팀이 속한 사업군에 직결하는 내용입니다. 게다가 다른 사업군과 비교도 되기 때문에 신경을 안 쓸 수가 없습니다.

## 사업군별 매출 및 영업이익

**매출**

| (단위: 조원) | | 3Q '22 | 2Q '22 | 3Q '21 | QoQ | YoY |
|---|---|---|---|---|---|---|
| 총 액 | | 76.78 | 77.20 | 73.98 | 1%↓ | 4%↑ |
| DX 부문 | | 47.26 | 44.46 | 42.81 | 6%↑ | 10%↑ |
| | VD / 가전 등 | 14.75 | 14.83 | 14.10 | 1%↓ | 5%↑ |
| | - VD | 7.86 | 7.54 | 7.82 | 4%↑ | 1%↑ |
| | MX / 네트워크 | 32.21 | 29.34 | 28.42 | 10%↑ | 13%↑ |
| | - MX | 30.92 | 28.00 | 27.34 | 10%↑ | 13%↑ |
| DS 부문 | | 23.02 | 28.50 | 26.74 | 19%↓ | 14%↓ |
| | - 메모리 | 15.23 | 21.08 | 20.83 | 28%↓ | 27%↓ |
| SDC | | 9.39 | 7.71 | 8.86 | 22%↑ | 6%↑ |
| Harman | | 3.63 | 2.98 | 2.40 | 22%↑ | 51%↑ |

**영업이익**

| (단위: 조원) | | 3Q '22 | 2Q '22 | 3Q '21 | QoQ | YoY |
|---|---|---|---|---|---|---|
| 총 액 | | 10.85 | 14.10 | 15.82 | △3.25 | △4.97 |
| DX 부문 | | 3.53 | 3.02 | 4.15 | 0.51 | △0.62 |
| | VD / 가전 등 | 0.25 | 0.36 | 0.76 | △0.11 | △0.51 |
| | MX / 네트워크 | 3.24 | 2.62 | 3.36 | 0.62 | △0.12 |
| DS 부문 | | 5.12 | 9.98 | 10.07 | △4.87 | △4.95 |
| SDC | | 1.98 | 1.06 | 1.49 | 0.92 | 0.49 |
| Harman | | 0.31 | 0.10 | 0.15 | 0.21 | 0.16 |

※ 각 사업군별 매출 및 영업이익은 2021년 12월 조직개편 기준으로 작성되었으며, 부문별 매출은 부문간 내부 매출을 포함하고 있음.
※ DX 부문은 투자자 혼선 방지 및 이해 제고 차원에서 개편전 기준 사업별 실적정보 제공
※ DX: Device eXperience, MX: Mobile eXperience, DS: Device Solutions
※ Harman의 매출 및 영업이익은 삼성전자 회계연도를 기준으로 작성되었으며, 인수와 관련된 비용이 반영되어 있음.

영업외수익이나 영업외비용, 금융손익, 법인세 등은 재무팀이 담당하므로 보통 팀장은 매출과 영업이익까지만 관리합니다. 매출에서 매출원가와 판관비를 빼면 영업이익입니다. 결과는 이 3가지로 나타납니다. 매출 실적이 이렇게 나온 원인, 매출원가가 이렇게 나온 원인, 판관비가 이렇게 나온 원인을 적은 것이 실적 분석입니다.

간혹 우리 팀은 매출과 관련 없는 팀이라고 해서 손익 분석을 안 하는 팀장이 있습니다. 하지만 어느 팀이든 매출원가와 판관비에 반드시 엮여 있으므로 영업이익과는 관련 있습니다. 영업이익은 어차피 매출에서 나오는 것이므로 매출을 알아야 제대로 분석할 수 있습니다. 예를 들어 영업이익이 엄청 늘어났는데 매출원가나 판관비는 그대로라면 그 원인은 매출 증가입니다. 매출을 모르면 원인을 제대로 못 찾습니다.

# 27 실적은 항상 전략과 함께 분석하자

실적은 행동 목표와 결과 목표로 기술할 수 있습니다. 'Device Eco 제품군 안정적 관리'와 '프리미엄 태블릿 시장 진출'은 **행동 목표**입니다. 그런 행동으로 인해 발생하는 매출 증가는 **결과 목표**입니다. 행동 목표와 결과 목표를 이어서 기술함으로써 목표를 분명하게 정할 수 있습니다. 만약 행동 목표만 있거나 결과 목표만 있으면 인과관계가 없어서 목표 달성 여부를 측정하기가 어렵습니다.

예를 들어 팀원의 교육 수강을 생각해 보겠습니다. 팀원이 교육을 수강하는 것은 행동 목표입니다. 1년에 30시간을 수강한다는 MBOManagement By Objectives를 설정했다면 그 결과는 어떻게 기술해야 할까요? 실제로 많은 팀장이 결과 목표 없이 행동 목표만 설정하곤 합니다. 그러다 보니 MBO가 유명무실해지기도 하고, 팀장이나 팀원 모두 교육을 불필요하게 보고 연말로 미룹니다. 팀원의 교육이 행동 목표이고 교육을 수강하면 어떤 결과 목표를 달성하는데 원인이 된다면 당연히 교육을 연초에 집중 수강해야 하는데 현실은 거꾸로 돌아갑니다.

교육을 했다면 결과가 나와야 합니다. 교육이 원인이므로 인과 관계에 따른 결과가 명확히 나와야 합니다. 일반적으로 교육을 매출이나 이익 등 재무 관점으로 바로 연결하곤 하는데 이것은 엄연히 논리 비약입니다. 물론 교육이 바로 매출이나 이익으로 나오는 경우도 있습니다. 그런데 그것은 교육 사업일 때 그렇습니다. 교육 자체가 직원의 학습과 성장 관점이 아니라 고객 관점일 때 그렇습니다.

일반적으로 직원 교육은 학습과 성장 관점입니다. 학습하고 성장하면 업무를 잘하게 됩니다. 예를 들어 팀원에게 오피스 사용 교육을 했다면 내부의 데이터 입력이나 관리 속도가 빨라질 겁니다. 그 결과는 고객 응답 시간 단축으로 이어질 수 있습니다. 그러면 고객만족도가 증가하고 고객이 하나라도 더 우리 제품을 구매할 겁니다. 결국 매출이 늘어나고, 추가 모객 비용이 줄어서 이익도 늘어납니다. 이것이 BSCBalanced Score Card입니다.

BSC 예시

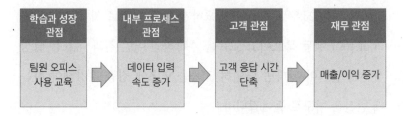

BSC는 재무 관점의 지표만으로는 현대 경영 활동을 제대로 측정할 수 없어서, 직원의 학습과 성장, 내부 프로세스, 고객 관점의 지표를 균형 있게 사용하는 방식입니다. 재무 관점의 지표가 최종 결과라고 보고, 그 결과를 만드는 인과의 사슬을 연결한 것이 **BSC 전략 맵**입니다. 팀장은 이 전략 맵을 만들어야 팀의 활동과 재무적 결과를 연결할 수 있습니다.

보고서, 말이 되게 써라

# 28 성과는 항상 비교해서 분석하자

많은 사람들이 MBO나 BSC를 성과관리 방법으로 생각합니다. 하지만 이건 성과를 관리하는 것이 아니라 실적을 관리하는 방법입니다. 더 정확하게는 인과관계를 관리하는 방법입니다. 팀원 교육에 1억 원을 써서 매출을 10억 증가시켰다고 하는 인과관계를 분석하고 추적하고 관리하기 위함입니다.

조금만 달리 생각해 보겠습니다. 팀원 교육에 1억 원을 써서 매출을 10억 증가시켰다고 합니다. 만약 팀원 교육 대신 새 팀원을 채용하는 데 1억 원을 썼다면 매출은 얼마 늘어났을까요? 우리가 만약 다른 행동을 했다면 분명 결과는 달라질 겁니다. 그렇다면 더 좋은 행동을 해서 더 좋은 결과를 만들어낼 수 있다는 것은 당연한 생각입니다. 기회비용의 문제가 발생하는 겁니다.

회사가 생산설비를 확충하는데 100억 원을 들여서 세후 이익으로 3억 원을 냈습니다. 만약 100억 원으로 적금을 들면 세후 이자가 5억 원이 나온다고 해보겠습니다. 세후 이자 5억 원에서 세후 이익 3억 원을 뺀 2억 원이 기회비용이 됩니다.

기회비용 개념을 팀으로 가져와 보겠습니다. A영업팀과 B영업팀은 모두 작년에 운영비로만 10억 원씩 썼습니다. 따로 투자비는 쓰지 않았습니다. 그런데 A영업팀은 매출 100억 원에 영업이익 20억 원을 냈습니다. 반면 B영업팀은 매출 50억 원에 영업이익 15억 원을 냈습니다. 회사 입장에서 보면 B영업팀에 준 운영비 10억 원을 A영업팀에 줬다면 이익을 5억 원 더 냈을 것이라 생각할 수 있지 않을까요?

팀을 넘어서 사업 단위로 보겠습니다. A사업부와 B사업부가 있습니다. 모두 2년 전에 사업을 시작했고 매년 각각 100억 원의 예산을 사용합니다. A사업부는 3년 동안 이익을 100억, 200억, 300억을 냈습니다. B사업부는 300억, 200억, 100억을 냈습니다. 3년 전에는 분명 B사업부가 A사업부보다 200억 이익을 더 냈습니다. 그런데 올해는 A사업부가 B사업부보다 200억 이익을 더 내고 있습니다. 이익 추이를 보면 A사업부는 증가 추세, B사업부는 감소 추세가 뚜렷합니다. 그렇다면 B사업부의 예산을 거둬들여서 A사업부에 투자하거나, A사업부 같은 새로운 사업부를 만들고자 하지 않겠습니까? 이것이 성과 분석입니다.

실적은 인과관계로 설명합니다. 성과는 비교로 설명합니다. 팀 내부의 인과관계는 실적으로 나타납니다. 팀간 비교는 성과로 나타납니다. 성과가 아주 안 좋은 팀은 공중분해되기도 합니다. 성과는 개인 비교로도 가능합니다. 성과가 안 좋은 직원은 해고당하기도 합니다. 성과는 비교이므로 회사 내에서는 자연스럽게 비율로 측정됩니다. 상위 몇 % 팀, 하위 몇 % 직원 같은 식으로 평가됩니다. 회사 밖에서도 비율로 측정됩니다. 시장점유율 몇 %, 순위 몇 등, 수익률 몇 % 같은 식으로 평가됩니다.

회사가 자기자본으로 순이익을 얼마나 냈는지를 측정하는 것이 **자기자본이익률**, 즉 **ROE**Return on equity입니다. 경영자가 주주의 자본을 활용해서 얼마만큼의 이익을 올리고 있는지 나타내는 지표입니다. ROE가 높다면 경영자가 자본을 효율적으로 운용해서 이익을 많이 낸다는 뜻입니다. ROE가 채권 이자나 예금 금리보다 높으면 주가가 오릅니다. 자본을 가진 사람들이 더 이익률이 높은 곳에 투자하려고 하기 때문입니다. 또 다른 기업보다 ROE가 높으면 그 기업의 주식을 사려고 합니다. 다른 기업보다 이익률이 높기 때문입니다. 즉, 회사의 성과, 경영자의 성과를 보여주는 것이 ROE입니다.

ROE가 회사나 경영자의 성과를 보여준다면, 각 사업군이나 팀의 성과를 보여주는 것은 **ROI**Return on Investment입니다. 순이익을 총투자액으로 나누어 산출합니다. 만약 팀이 완전독립채산제로 운영된다면 총투자액, 즉 운영비와 투자비가 얼마이고 순이익이 얼마인지 계산할 수 있습니다. 각 팀별로 ROI를 산출할 수 있다는 뜻입니다. ROI가 높은 팀이 당연히 성과가 높은 팀이 됩니다.

만약 우리 팀의 ROI가 다른 팀보다 현격히 낮다면 성과가 안 나오는 팀이라고 회사가 생각합니다. 당연히 투자를 줄이거나 없애려고 할 겁니다. 반대로 우리 팀의 ROI가 다른 팀보다 현격히 높다면 성과가 잘 나오는 팀이라고 회사가 생각합니다. 당연히 투자를 늘이거나 상위 부서로 확대하려고 할 겁니다.

성과 관리의 핵심은 실적이 아닙니다. 결국 다른 팀이나 경쟁사의 경쟁 팀과 비교해서 더 높은 수익률을 내는 것입니다. 회사에 무조건 돈 많이 달라, 사람 많이 달라, 시간 많이 달라고 할 이유가 없습니다. 수익률이 높으면 회사가 알아서 돈 많이 주고 사람 많이 주고 시간 많이 줍니다. 성과 분석의 핵심은 수익률 분석입니다.

따라서 BSC에서 학습과 성장 관점, 내부 프로세스 관점, 고객 관점은 모두 투자 관점입니다. 투자의 실적은 재무 관점입니다. 여기에 투자 성과로 수익률 관점을 추가해야 합니다.

| 투자 | 실적 | 성과 |
| --- | --- | --- |
| 학습과 성장 관점<br>내부 프로세스 관점<br>고객 관점 | 재무 관점 | 투자수익률<br>시장점유율<br>⋮ |

# 29 진척과 예측으로 목표를 분석하자

조직에서 목표를 관리하는 대표적인 도구로 BSC와 OKR이 있습니다. BSC Balanced Scorecard 는 재무, 고객, 내부 프로세스, 학습과 성장 등 다양한 관점에서 균형 잡힌 성과지표를 활용하는 반면, OKR Objectives and Key Results 은 명확한 목표 Objectives 와 이를 측정하는 주요 결과 값 Key 에 초점을 맞춥니다. OKR은 BSC에 비해 상대적으로 간단하고 목표 중심적인 접근 방식입니다. 그런데 BSC든 OKR이든 실적이나 성과를 관리한다는 목적으로 목표를 설정하고 지표를 만들어 측정하는 활동을 많이 합니다. 이때 어떤 관점이나 지표는 가중치를 두고 계산하곤 합니다. 예를 들면 1년 간의 평가 항목과 지표를 다음 표와 같이 계산합니다.

| BSC | 평가 항목 | 지표 | 가중치 | 점수 | 소계 |
|---|---|---|---|---|---|
| 학습과 성장 관점 | 직무 교육 수강 | 수강일/목표일 | 1 | 4 | 4 |
| 내부 프로세스 관점 | 공급망 관리 | 구매량/목표량 | 2 | 4 | 8 |
| 고객 관점 | 신제품 만족도 | 만족도/목표점수 | 2 | 5 | 10 |
| 재무 관점 | 신제품 매출 | 매출액/목표액 | 5 | 2 | 10 |

이렇게 계산하면 뭔가 그럴 듯해 보입니다. 하지만 실제로는 데이터 조작입니다. 가중치를 어떻게 줬는지, 지표를 측정하는 방식은 어떤지, 점수는 어떻게 계산했는지, 하나씩 따지고 보면 왜 그렇게 정했는지 정한 사람도 잘 설명하지 못합니다. 많은 경우에는 재무 관점 위주로 평가하면 편향되어서 나머지 관점으로 구색을 맞춥니다.

그래서 실제 비즈니스에서는 목표 달성 여부가 그렇게 중요한 것이 아닙니다. 비즈니스에서는 목표를 달성했다고 해서 잘한 것이 아닙니다. 목표를 일찍 달성했거나 또는 기한에 맞게 목표를 달성할 것이라 예측이 되면 잘한 것입니다. 목표 달성 여부가 아니라 목표 달성 예측이 중요합니다.

목표 달성 여부보다 목표 달성 예측이 중요하기 때문에 많은 기업이 연말까지 결과를 확인하지 않고 중간에 부서나 부서장을 평가하고 인사 발령을 냅니다. 분명 회계연도는 1월 1일부터 12월 31일까지지만 많은 대기업이 10월에 평가하고 11월이나 12월초에 임원 인사 발령을 냅니다. 분명히 11월이나 12월이 남았는데도 불구하고 말입니다.

　회사는 왜 회계연도가 끝나지 않았고 목표 달성 여부가 확정 나지도 않았는데 임원의 성과를 평가하고 조치를 내릴까요? 그 이유는 목표 달성 여부보다 목표 달성 예측 때문입니다. 즉 지금까지 해온 진척과 앞으로 예측을 보고 성과를 평가하는 것입니다.

　예를 들어서 보겠습니다. 다음 차트는 어떤 사업부의 분기별 매출입니다. 1분기부터 3분기까지는 실적입니다. 4분기는 사업부 자체 예측입니다. 보다시피 3분기까지 목표를 달성하지 못했고, 4분기에 목표를 크게 상회해서 연간 목표를 맞추려고 합니다.

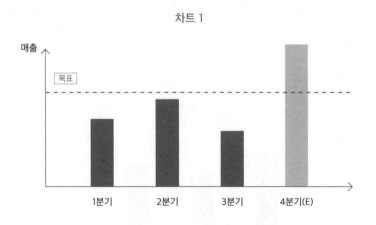

차트 1

　만약 여러분이 4분기가 시작하는 10월에 이 사업부를 평가해서 사업부장 인사 이동을 정해야 한다면 어떻게 하겠습니까? 이 사업부의 지난 3분기 동안의 실적을 보면 과연 4분기라고 해서 나아질까요? 아니 4분기에 그렇게 드라마틱하게 매출이 오를까요? 사업부의 주장을 곧이곧대로 믿고 사업부장을 승진시키거나 할 수 있을까요?

실제로 이 사업부가 4분기에 이번 분기의 2배 매출을 일으킬 수 있습니다. 사업부의 매출 특성이 4분기에 연간 매출의 50%가 난다고 볼 수도 있습니다. 하지만 그런 상황이라 할지라도 이 사업부의 4분기 매출을 믿을 수는 없습니다. 분명히 1년 중 75%나 되는 기간에 목표를 달성하지 못했고, 이 사실을 감안하면 연간 목표도 달성하지 못할 것으로 예측되기 때문입니다. 회사는 당연히 이 사업부의 책임자를 문책할 겁니다.

만약 다음과 같은 경우라면 어떻게 해야 할까요? 3분기까지 분기별 매출 목표를 충분히 달성하였고 여유도 넘칩니다. 비록 4분기 매출이 확 줄어들지만 연간으로 보면 매출 달성이 무난합니다.

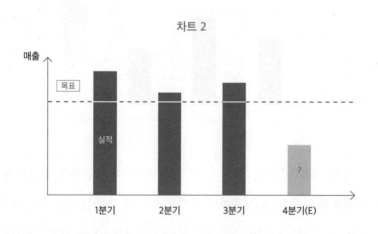

차트 2

여러분 중에 혹시 이런 경우를 아주 좋다고 보는 분이 있나

보고서, 말이 되게 써라

요? 만약 그렇다면 성과 관리를 전혀 모르는 분입니다. 목표를 이렇게 넘쳐서 달성하는 것은 결국에는 초기에 목표를 너무 낮게 잡았다는 말입니다. 즉 목표 수립을 처음부터 잘못했다는 말입니다.

4분기에 매출이 쪼그라들면 결국 연간 목표는 비슷하게 잡았을 겁니다. 하지만 분기별 목표를 연간 목표의 4분의 1로 대충 나눠버리는 바람에 목표 달성이나 초과의 의미가 퇴색되었습니다. 만약 실제로 이런 분기별 실적이 나타난다면 처음부터 1분기 목표를 다른 분기보다 높게 잡았어야 합니다.

그렇다면 이런 차트는 어떨까요? 분기마다 목표를 조금 상회하기도 하고 약간 모자라기도 하지만 전체적으로 목표를 엇비슷하게 맞춥니다.

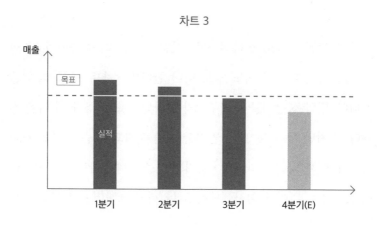

차트 3

이 경우는 연간 목표를 분기마다 균등하게 설정했지만, 대강 분기별 목표에 맞게 실적을 냈습니다. 특히 상반기에 실적을 더 냈으니 상반기에 노력을 더 했다는 것으로 볼 수도 있습니다.

그런데 이 차트를 다음 차트와 비교해 보겠습니다. 앞 차트와 결과적으로는 비슷하지만, 시간이 지날수록 목표에 달성하거나 상회합니다.

차트 4

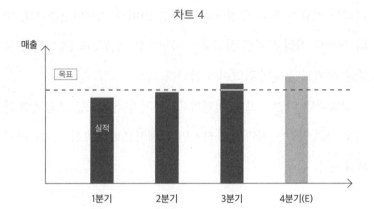

두 차트를 비교했을 때 회사는 어떤 차트를 더 좋아할까요? 만약 상반기에 매출이 어느 정도 나야 한다면 <차트 3>이 더 나을 겁니다. 만약 성장세를 보여주고자 한다면 <차트 4>가 더 나을 겁니다. 하지만 두 차트 모두 일정한 매출 하락과 상승 경향을 보여줍니다. 어찌 되었던 마지막 4분기의 매출은 예측이므로 <차트 3>이든, <차트 4>이든 회사에서는 3분기까지 데이터만 가지고는 쉽사리 결정할 수 없습니다.

따라서 가장 좋은 차트는 바로 다음 차트처럼 분기별로 목표를 정확히 맞춘 차트일 겁니다.

보고서, 말이 되게 써라

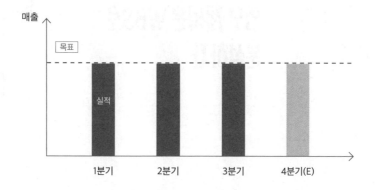

차트 5

목표 관리의 핵심은 목표 달성이 아니라 진척과 예측입니다. 진척이 계획대로 되고 있어야 하고 예측이 충분히 가능해야 합니다. 그래야 회사는 제대로 목표를 잡았고 해당 부서가 회사의 의도대로 일했다는 것을 알 수 있습니다.

회사는 공식적으로 목표 달성 여부나 달성율을 가지고 부서장이나 직원을 최종 평가합니다. 하지만 비공식적으로는 목표대로 진척을 이루고 있는지, 향후 예측이 가능한지를 두고 수시 평가합니다. 만약 최종 평가에서 좋은 결과가 나왔다면 실적금이나 성과급 등으로 보상을 받을 겁니다. 하지만 그걸로 승진이나 중요한 과제를 맡을 수는 없습니다. 만약 수시 평가를 잘 받고 있다면 회사는 그 부서나 직원을 신뢰할 수 있습니다. 신뢰한다면 승진을 시키거나 중요한 과제를 맡길 겁니다. 실적이든 성과든 관리의 핵심은 목표 달성이 아니라 진척과 예측이라는 것을 잊지 마십시오.

# 30 업무 계획은 WBS로 분석하자

업무를 계획하거나 배분할 때 많은 전문가가 하는 공통적으로 말이 있습니다. 각자의 역량에 맞게, 특정 사람에게 치우치지 않게, 공정하게 등... 그런데 그 전에 해야 할 일이 있습니다. 업무를 배분하기 전에 먼저 과제를 세부적으로 구분해야 합니다. 과제를 구분하지 않고 던지면 업무를 받는 사람이 혼란에 빠집니다.

> - "이걸 나더러 다 하라고?"
> - "이 일을 내가 하는 게 맞나?"
> - "이 일은 나 혼자 할 수 있는 게 아닌데?"

이와 관련한 재밌는 얘기가 있습니다. 어느 배관공이 화장실이 막혔으니 뚫어 달라는 요청을 받았습니다. 도착한 곳은 아파트 단지의 경비실이었습니다. 경비원은 여기가 막힌 것이 아니고 아파트 단지 100가구 중에 막힌 가구가 있으니 뚫어 달라는 겁니다. 배관공은 배관이 막힌 집이 어디 어디인지 경비원에게 물었습니다. 그러자 경비원이 말했습니다. "그건 당신이 파악해서 해야죠. 집집마다 전화를 돌리든 발품을 팔든 하면 알 수 있는 일 아닙니까? 배관이 막힌 집이 있으면 뚫어 주세요. 그러려고 당신을 부른 겁니다." 배관공은 황당해서 팀장에게 전화를 걸어 이 사실을 알렸습니다. 여러분이 팀장이라면 어떻게 대답하겠습니까?

경비원이 배관공에게 맡긴 업무는 크게 두 가지입니다. 하나는 어느 집이 배관이 막혔는지 조사하는 업무, 다른 하나는 막힌 배관을 뚫는 업무입니다. 배관공의 담당 업무는 분명 배관을 뚫는 것입니다. 배관이 막혔는지 조사하는 업무는 분명 배관공의 업무라고 볼 수는 없습니다. 그렇다면 이 두 업무를 한데 묶어서 배관공에게 배분했을 때 당연히 배관공은 이렇게 생각할 수밖에 없습니다.

- "배관 막힌 집 찾고 배관 뚫고 하는 일을 나더러 다 하라고?"
- "배관 막힌 집을 찾는 일을 내가 하는 게 맞나?"
- "배관 막힌 집 찾고 배관 뚫고 하는 일은 나 혼자 할 수 있는 게 아닌데?"

어떤 배관공은 배관 막힌 집을 찾는 것이 자기 업무라고 생각할 수 있습니다. 그 배관공이 배관회사 사장이라면 그럴 수 있습니다. 하지만 배관회사 직원이고 본인 직무가 배관 뚫는 것이라면 배관 막힌 집을 찾는 업무는 분명 다른 사람이 담당할 일입니다. 다른 사람이 할 일을 내가 스스로 결정해서 도와주는 것과 상사가 두 일을 붙여서 내게 떠 맡기는 것은 완전히 다른 일입니다.

일을 시키려면 일단 과제를 세부 업무로 명확히 구분해야 합니다. 배관 막힌 집을 찾는 일과 막힌 배관을 뚫는 일은 분명히 다른 일이라고 구분해야 합니다. 그 일을 한 사람이 하든, 두 사람이 하든 홍길동이 하든, 이순신이 하든 그건 그 다음 문제입니다. 업무를 뭉뚱그려서 배분해서는 절대 실행력이 높아질 수가 없습니다.


신제품이 출시되어서 전시회에 출품하는 과제가 있다고 해보겠습니다. 전시회 출품을 기획하는 일, 설치 업체와 연락하고 설치를 관리하는 일, 전시용 제품을 출고하는 일, 전시회 부스에 필요한 물품을 구매하는 일, 당일 현장에서 안내를 하는 일, 최종 결과물이나 보고서를 만드는 일, 이런 식으로 일을 나누어야 합니다.

일을 나누는 방법으로 **WBS**Work Breakdown System가 있습니다. 작업분해구조, 작업분류체계, 업무분업구조 등으로 번역합니다. 주로 프로젝트 관리에서 사용하는 도구입니다. WBS는 복잡한 프로젝트나 과제 또는 일련의 작업을 실행할 수 있는 수준으로 분해하고 시작일과 종료일을 지정하는 활동이라고 보면 됩니다. 예를 들어 전시회 출품 과제의 WBS를 다음과 같이 만들어보겠습니다.

| 단계 | 활동 | 시작일 | 종료일 |
|------|------|--------|--------|
| 전시 기획 | 회의 일정 조정 | 2023-01-01 | 2023-01-10 |
| | 전시 콘셉트 개발 | 2023-01-11 | 2023-01-20 |
| | 전시 부스 디자인 | 2023-01-21 | 2023-01-31 |
| | 전시 브로셔 및 광고물 제작 | 2023-02-01 | 2023-02-07 |
| 전시 준비 | 부스 설치 및 꾸미기 | 2023-02-08 | 2023-02-18 |
| | 제품 운반 및 배치 | 2023-02-19 | 2023-02-21 |
| 전시 운영 | 전시 시작 | 2023-02-22 | 2023-02-22 |
| | 제품 홍보 및 시연 | 2023-02-22 | 2023-02-24 |
| | 고객 상담 및 주문 수집 | 2023-02-22 | 2023-02-24 |
| 전시 종료 | 제품 포장 및 운송 | 2023-02-25 | 2023-02-27 |
| | 부스 철거 | 2023-02-28 | 2023-03-04 |
| | 후속 조치 및 회고 | 2023-03-05 | 2023-03-10 |

WBS를 만드는 과정에서 몇 가지 이슈가 있습니다. 첫째, 과제를 어떻게 세부 업무로 나눌 것인가, 둘째, 각 업무를 어떻게 할당할 것인가, 셋째, 어디까지 관리할 것인가입니다.

첫째, 과제를 어떻게 세부 업무로 나눌 것인가? 과제를 세부 업무로 나누는 방법은 과제에서 시작해서 업무를 구분區分하는 방법과, 여러 업무를 묶어 과제로 분류分類하는 방법이 있습니다. 전시회 출품이라는 과제가 떨어졌을 때 전시 기획, 전시 준비, 전시 운영, 전시 종료 등의 시간 순서로 업무를 구분한 다음 하위 업무를 정하는 것이 구분의 방법입니다. 반대로, 전시회 출품과 관련한 일이 무엇이 있는지 나열한 다음 전시 기획, 전시 준비, 전시 운영, 전시 종료로 묶는 방법이 있습니다. 물론 상황에 따라 구분과 분류의 방법을 혼용할 수 있습니다.

구분과 분류의 차이

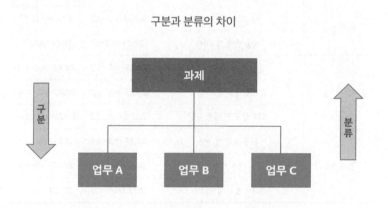

구분의 방법을 사용할 때 가장 쉬운 방법은 시간 순서대로 추상적 단계로 구분하고 마일스톤을 정하는 겁니다. 전시회 출품 과제를 시간 순서대로 추상적 단계로 나누면 전시 기획, 전시 준비, 전시 운영, 전시 종료 등으로 구분할 수 있습니다. 보통 이런 식으로 구분했을 때 각 업무의 끝은 마일스톤이 되고, 마일스톤으로 일정을 관리할 수 있습니다. 또한 마일스톤에서 일정한 산출물을 정의함으로써 성과 관리 체계를 만들 수 있습니다.

전시 출품 일정과 산출물 정의 예시

| 업무 | 일정 | 산출물 |
|---|---|---|
| 전시 기획 | 2/6~2/11 | 기획안<br>브로셔<br>광고물 |
| 전시 준비 | 2/14-2/16 | 설치 계약서<br>물품 반출서 |
| 전시 운영 | 2/22~2/24 | 운영 체크리스트<br>상담 매뉴얼 |
| 전시 종료 | 2/22~2/26 | 물품 반납서<br>전시 결과보고서 |

둘째, 각 업무를 어떻게 할당할 것인가? 일반적으로 구분은 구체화 과정입니다. 반대로 분류는 추상화 과정입니다. 과제를 추상적 단계로 나누든 구체적 업무로 나누든 그 자체는 문제가 되지 않습니다. 문제는 각 업무를 팀원에게 할당하면서부터 발생합니다.

구체화와 추상화의 차이

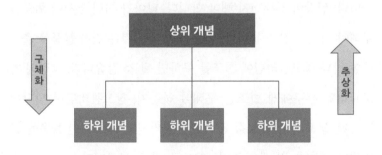

어떤 팀장은 추상적 단계로 업무를 할당할 수 있습니다. 이때 각 담당자는 자신이 맡은 추상적 단계를 구체적 업무로 나눠야 합니다. 담당자 입장에서 보면 팀장이 지시한 업무=추상적 단계는 과제와 같습니다. 담당자는 '전시 기획'이란 과제 또는 '전시 준비'란 과제를 받아서 다시 구체적 업무로 나눠야 합니다.

담당자가 과제를 구체적 업무로 나누다 보면 당연히 문제가 발생합니다. 예를 들어 전시 준비 담당자가 업무를 업체 계약, 부서 협조, 물품 준비로 나눴습니다(다음 표 참고).

| 업무(과제) | 담당자 | 업무(세부) | 담당자 |
|---|---|---|---|
| 전시 준비 | 홍길동 | 업체 계약 | 홍길동 |
| | | 부서 협조 | ? |
| | | 물품 준비 | ? |

그런데 가만히 보니 업체 계약은 자기가 할 일이 맞는 것 같습니다. 그런데 다른 부서 협조를 구하는 일은 자기가 직접 할 수 없습니다. 팀장이 해주던지 해야 합니다. 나아가 어떤 부서에 협조를 구해야 하는지 잘 모릅니다. 언뜻 생각나는 것은 전시 물품을 출고해야 하니 창고관리팀에 협조를 구하면 될 것 같습니다. 그런데 창고관리팀 누구에게 협조를 구해야 하는지, 창고관리팀이 담당이 맞는지 잘 모릅니다. 물품 준비도 마찬가지입니다. 어떤 물품을 준비해야 하는지, 몇 개를 준비해야 하는지 잘 모릅니다.

만약 처음부터 팀장이 구체적 업무를 가지고 부서 협조는 이영희에게, 물품 준비는 김철수에게 정확히 배분했다면 이런 문제가 덜 생기거나, 생기더라도 담당자가 알아서 해결할 수 있을 겁니다 (다음 표 참고).

| 업무레벨1 | 업무레벨2 | 담당자 |
|---|---|---|
| 전시 준비 | 업체 계약 | 홍길동 |
| | 부서 협조 | 이영희 |
| | 물품 준비 | 김철수 |

팀장은 과제에서 업무로 구체화하면서 적절한 레벨을, 업무에서 과제로 추상화하면서 적절한 레벨을 잡아야 업무를 제대로 배분할 수 있고, 그 업무를 맡은 담당자가 제대로 실행할 수 있습니다.

셋째, 어디까지 관리할 것인가? 이제 남은 것은 관리 레벨입니다. 팀장이 과제를 최상위의 추상적 단계로만 나눠서 업무로담당 자에게는 과제로 배분했다면 그 과제가 관리 레벨이 됩니다. 전시 기획, 전시 준비, 전시 운영, 전시 종료 등 4가지 업무가 있고, 각 업무의 시작과 완료가 관리 대상이 됩니다. 그런데 만약 전시회 조사, 기획안 작성, 기획안 보고, 업체 계약, 부서 협조 등... 구체적 업무로 나눠서 배분했다면 각 업무의 시작과 완료가 관리 대상이 됩니다.

구체화 수준이 높을수록 관리는 **마이크로 매니징**Micro managing 이 될 가능성이 높습니다. 업무를 세세하게 구분하는 순간 나도 모르게 그 기준으로 관리하게 됩니다. 그렇다고 해서 업무를 추상화하면 **매크로 매니징**Macro managing이 될 가능성이 높습니다.

업무를 구체화하고 추상화하는 일과, 업무를 관리하는 일은 별개의 일로 봐야 합니다. 업무는 레벨3까지 나눠서 배분하더라도 관리는 레벨1이나 2에서 해도 됩니다. 이때 상위 레벨에도 담당자 또는 책임자를 두면 됩니다. 예를 들어 다음과 같이 업무를 나누고 배분하고 관리할 수 있습니다.

| 업무레벨1 | 업무레벨2 | 업무레벨3 | 담당자 |
|---|---|---|---|
| 전시 기획<br>(책임자: 홍길동) | 전시회 조사<br>(책임자: 홍길동) | 전시회 리스팅 | 홍길동 |
| | | 효과 분석 | 홍길동 |
| | 기획안 작성<br>(책임자: 김철수) | 기획안 총괄 | 김철수 |
| | | 예산 계획 | 이영희 |
| | | 전시 계획 | 김철수 |
| | 기획안 보고 | 기획안 보고 | 이소연 |
| 전시 준비<br>(책임자: 이영희) | 업체 계약<br>(책임자: 이영희) | 업체 물색 | 홍길동 |
| | | (책임자: 이영희) | 이영희 |
| | | 업체 선정 | 김철수 |
| | 부서 협조<br>(책임자: 이영희) | 구매팀 협조 | 이영희 |
| | | 출고관리팀 협조 | 이영희 |
| | | 재무팀 협조 | 김철수 |
| | 물품 준비<br>(책임자 김철수) | 전시 물품 준비 | 김철수 |
| | | 전시장 비품 준비 | 이영희 |

# 31 구분과 분류를 알고 쓰자

분류가 정확히 무엇인지 이해해 보겠습니다. 분류라는 것은 여러 대상을 공통의 성질로 나누는 겁니다. 여러 대상을 묶어서 상위 개념을 만들어 설명할 때 사용하는 것입니다.

예를 들어 경비 사용 내역에 점심, 저녁, 치약이 있을 때 점심과 저녁을 하나로 묶을 수 있습니다. 그건 점심과 저녁 모두 사람이 먹는 밥이라는 공통 성질이 있기 때문입니다. 그래서 점심과 저녁을 먹는 데 사용한 돈을 식비라는 상위 개념으로 묶을 수 있습니다. 이때 치약은 다른 것과 묶을 수는 없지만 소모품비라는 상위 개념에 포함되게 할 수 있습니다. 이것이 분류입니다.

고양이, 소, 토끼, 고래는 포유류라는 상위 개념으로 묶을 수 있습니다. 모두 새끼를 낳아 젖을 키운다는 공통 성질이 있습니다. 고등어, 연어, 갈치 같은 것은 어류로 묶습니다. 모두 물에 살고 알을 낳는다는 공통 성질이 있습니다. 이런 것을 분류라고 합니다.

그런데 **구분**이란 말도 있습니다. 구분은 전체를 일정한 기준으로 나누는 겁니다. 전체가 있는데, 너무 내용이 많고 모호하니까 일정한 기준으로 나눕니다. 즉 상위 개념을 하위 개념으로 나누는 겁니다. 분류의 반대입니다. 분류가 하위의 여러 대상을 묶어서 상위 개념을 만드는 거라면 구분은 상위 개념을 풀어서 여러 하위 개념으로 나누는 겁니다.

예를 들어 세계시장을 조사하라는 상사의 지시가 있었다고 합시다. 그러면 세계시장 규모를 하나로 얘기할 수도 있지만 아시아 시장, 유럽 시장, 북미 시장, 남미 시장 등으로 나눌 수도 있습니다. 아시아 시장은 다시 극동아시아 시장, 중앙아시아 시장, 남아시아 시장 등으로 나눌 수 있습니다. 이렇게 하위 개념으로 계속 나누는 것을 구분이라고 합니다.

맨 위에 상위 개념이 있고 그 밑에 하위 개념이 여러 개 있습니다. 이때 밑으로 내려가는 것을 구분이라고 하고 위로 올라가는 것을 분류라고 합니다.

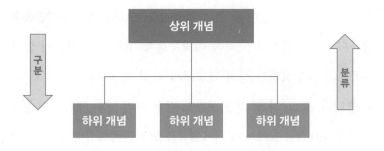

비즈니스 관점에서 구분과 분류는 조사와 보고입니다. 상위 개념에서 하위 개념으로 구체화하는 것이 조사입니다. 반대로 하위 개념을 가지고 상위 개념으로 추상화하는 것이 보고입니다. 따라서 조사를 할 때는 구분을 해야 하고, 보고를 할 때는 분류를 해야 합니다.

많은 사람이 이것을 헷갈려 합니다. 예를 들어 상사가 세계시장 규모를 조사해서 보고하라고 했습니다. 그러면 우리는 한국 시장, 미국 시장, 영국 시장, 인도 시장, 남아프리카공화국 시장… 뭐 이런 식으로 보고하면 될까요? 이렇게 하면 보고가 끝이 안 날 겁니다.

그래서 우리는 여러 시장을 공통 성질로 묶어서 상위 개념을 만들어 보고해야 합니다. 아시아 시장, 유럽 시장, 북미 시장… 이런 식으로요. 그리고 마지막에 세계시장 규모를 얘기하는 것이 좋겠죠. 또는 맨 처음에 세계시장 규모를 얘기하고 대륙별 규모 그리고 특정 대륙의 세부 국가별 시장을 얘기할 수도 있습니다.

상사가 고객만족도를 조사해서 보고하라고 했을 때 고객에게 만족 여부를 그냥 물어볼 수는 없습니다. 고객한테 대뜸 "만족하십니까?"라고 물으면 고객이 어리둥절할 것입니다. 그래서 일단 만족도라는 추상적인 상위 개념에서 하위 개념으로 구분부터 해야 합니다. 품질, 가격, 직원 친절도 같은 여러 하위 개념을 도출해야 하는 겁니다. 그래서 고객에게 "품질에 만족하십니까?", "가격이 적당합니까?" 같이 구체적인 질문을 제시할 수 있습니다. 그렇게 조사를 하는 겁니다. 그럼 보고할 때는 어떻게 할까요? 품질 따로, 가격 따로 다 보고할 수도 있지만, 전체 고객만족도는 몇 점이라고 분류해서 보고할 수도 있습니다.

상사가 전사 매출을 조사해서 보고하라고 했습니다. 그러면 전사 매출을 알기 위해 A 팀 매출, B 팀 매출, C 팀 매출… 이런 식으로 조사할 것입니다. 그런데 보고할 때는 사업부나 부문, 본부 단위로 합계를 내서 보고합니다. 그걸 다시 합계를 내면 전사 매출이 됩니다. 이와 같은 방식은 회사의 조직 체계를 따른 것입니다.

전사 매출을 회사의 조직 체계를 따르지 않고 다른 식으로도 볼 수 있습니다. 예를 들어 고객으로 구분해서 분류할 수 있습니다. B2B 매출과 B2C 매출로 나눠서 보거나, 기존 고객과 신규 고객으로 나눠서 볼 수도 있습니다. 오프라인 매출과 온라인 매출로도 볼 수 있습니다.

같은 매출을 두고도 다르게 구분하고 다르게 분류할 수 있다는 것은 매우 중요합니다. 구분과 분류만 달리해도 완전히 다른 결과가 나오고 그에 따라 완전히 다른 전략을 만들 수 있기 때문입니다.

예를 들어 식비, 생활비, 문화비 같은 용도로 데이터를 구분하는 겁니다.

| 내용 | 금액(원) | 구분 |
|------|--------|------|
| 점심 | 8000 | 식비 |
| 치약 | 2000 | 생활비 |
| 영화 | 9000 | 문화비 |
| 저녁 | 18000 | 식비 |
| 커피 | 3000 | 식비 |
| 빗자루 | 5000 | 생활비 |

데이터를 구분했으면 합산하고 비중을 계산합니다.

| 구분 | 금액(원) | 비중(%) |
|------|--------|--------|
| 식비 | 29000 | 64 |
| 생활비 | 9000 | 20 |
| 문화비 | 7000 | 16 |

이제 우리는 명확한 방안을 찾을 수 있습니다. "식비를 줄이자." 입니다.

그런데 만약 데이터를 구분하는 기준을 달리 하면 어떻게 될까요? 용도가 아니라 돈을 쓴 장소로 구분하면 과연 같은 방안이 나올까요?

| 내용 | 금액(원) | 구분 |
|------|--------|------|
| 점심 | 8000 | 구내식당 |
| 치약 | 2000 | 편의점 |
| 영화 | 9000 | 쇼핑몰 |
| 저녁 | 18000 | 쇼핑몰 |
| 커피 | 3000 | 쇼핑몰 |
| 빗자루 | 5000 | 편의점 |

데이터를 구분했으면 합산하고 비중을 계산합니다.

| 구분 | 금액(원) | 비중(%) |
|------|--------|--------|
| 쇼핑몰 | 30000 | 67 |
| 구내식당 | 8000 | 18 |
| 편의점 | 7000 | 16 |

이제 식비를 줄이자는 방안이 아니라, '쇼핑몰에 가지 말자.'라는 방안이 나옵니다.

같은 데이터라도 구분만 다른 기준으로 했을 뿐인데 방안은 완전히 달라집니다. 용도 대신 돈을 쓴 장소, 돈을 쓴 시간, 현금인지 카드인지, 누구를 위해 썼는지 등 다양한 구분 기준을 적용해 보면 보다 다양한 방안을 도출할 수 있습니다.

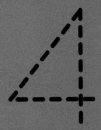

# 상대를 고려해서
# 내용을 표현하자

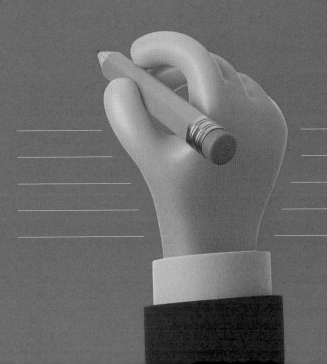

# 32 새로운 것을 설명할 때는 범주부터 쓰자

상사에게 보고할 때 가장 어려운 것 중 하나가 새로운 개념을 설명하는 일입니다. 저도 예전에 '인더스트리 4.0'이란 용어를 회장에게 설명하는 문서를 만드느라 고생했습니다. 요즘에는 생성AI니 AGI니 온디바이스 AI 같은 전문 기술 용어를 누구나 이해해야 해서 더 어렵습니다.

하지만 아무리 새로운 개념이라도 범주, 용도, 특징 순서로 설명하면 설명할 것이 9분의 1로 줄어듭니다. 예를 들어 ChatGPT를 모르는 사람에게 처음 설명한다고 해보겠습니다. 그러면 간혹 이렇게 얘기하는 사람이 있습니다.

"ChatGPT는 우리가 뭔가 질문하면 인공지능이 사람처럼 대답합니다. ChatGPT를 사용하면 인터넷 검색을 하지 않아도 됩니다."

그러면 듣는 사람은 대뜸 이렇게 생각합니다.

- "새로운 인공지능인가?"
- "새로운 인터넷 검색 서비스인가?"
- "쉬리 아냐?"

무엇이 잘못되었을까요? 맨 처음에 ChatGPT를 설명할 때 범주를 먼저 설명해야 하는데 용도나 특징을 먼저 설명해서 그렇습니다. 사람은 무언가 새로운 것을 받아들일 때 항상 범주를 먼저 생각합니다. ChatGPT가 아무리 새로운 것이어도 분명히 범주는 있습니다. 그래서 범주를 먼저 얘기하면 우리가 설명하려는 것의 절반은 설명하지 않아도 됩니다. 예를 들어 이렇게 범주를 얘기하면 됩니다.

"ChatGPT는 대화형 인공지능입니다."

여기서 해당 범주의 다른 유사 서비스나 제품을 추가하면 더 좋습니다.

"ChatGPT는 대화형 인공지능입니다. 쉬리나 빅스비, 클로바 같은 것입니다."

듣는 사람이 대화형 인공지능이 뭔지 알고 있다면 ChatGPT의 절반은 바로 이해합니다. 대화형 인공지능이 뭔지 모르고 쉬리나 빅스비 같은 것을 알고 있다면 그게 대화형 인공지능이구나 하고 범주를 스스로 정할 겁니다. 일단 이런 식으로 범주만 이해해도 새로운 것의 절반은 이해한 겁니다.

범주를 얘기했다면 바로 이어서 용도를 얘기하면 됩니다.

"ChatGPT를 이용하면 보고서나 소설 같은 것을 쓸 때 나 대신 글을 쓰게 할 수 있습니다."

용도를 들으면 새로운 것이 왜 필요한지 알게 됩니다. 사람은 왜 필요한지 알면 흥미를 가지고 더 적극적으로 이해하려고 노력합니다. 보고하는 사람이 설명을 열심히 하는 것도 중요하지만, 보고 받는 사람이 열심히 이해하려고 하는 것도 중요합니다.

마지막에는 특징을 얘기하면 됩니다.

"ChatGPT는 인터넷 자료를 엄청 많이 학습해서 사람이 글로 질문하면 사람처럼 자연스럽게 대답하면서 대화를 이어갈 수 있습니다."

새로운 것을 설명할 때는 항상 범주, 용도, 특징 순서로 얘기하면 됩니다.

# 33

# 설명이 길면 주석이나 첨부로 쓰자

보고서에 무언가를 설명하는 글을 쓸 때 고민하는 것 중 하나가 분량입니다. 얼마나 많이 써야 하는지 늘 고민입니다. 분량이 적으면 성의가 없어 보이기도 하고, 상대의 입장에서 쓰지 않은 것 같기도 합니다. 분량이 많으면 쓸데없이 많이 쓴 것 같기도 하고 핵심이 흐트러지기도 합니다. 어느 정도로 써야 적절할까요?

예를 들어 4차산업혁명에 대해 설명한다고 해보겠습니다. 짧게 쓰면 다음과 같습니다.

"4차 산업혁명은 인공지능과 같은 정보통신 기술의 융합으로 이루어낸 새로운 산업혁명이다."

여기서 조금 더 부연 설명을 할 수 있습니다.

"4차 산업혁명은 인공지능, 빅데이터, 사물인터넷, 클라우드, 블록체인 등의 정보통신 기술의 융합으로 이루어낸 새로운 산업혁명 시대다. 이 중에서 최근 인공지능 기술이 모든 제품과 서비스를 혁신하고 있으며 이러한 현상을 과거 농업 혁명, 증기 혁명, 전기 혁명에 이어 네 번째 혁명이라 부른다."

물론 여기서 더 쓸 수 있습니다.

"4차 산업혁명은 인공지능, 빅데이터, 사물인터넷, 클라우드, 블록체인 등의 정보통신 기술의 융합으로 이루어낸 새로운 산업혁명 시대다. 이 중에서 최근 인공지능 기술이 모든 제품과 서비스를 혁신하고 있으며 이러한 현상을 과거 농업 혁명, 증기 혁명, 전기 혁명에 이어 네 번째 혁명이라 부른다. 4차 산업혁명은 클라우스 슈바프가 의장으로 있는 2016년 세계 경제 포럼에서 주창된 용어이다. 4차 산업혁명은 물리적, 생물학적, 디지털적 세계를 빅데이터로 통합시키고 경제 및 산업 등 모든 분야에 영향을 미치는 다양한 신기술로 설명될 수 있다…"

여기서 내용을 잘 살펴보면 일정한 규칙이 있는 것을 알 수 있습니다. 설명을 짧게 할 때는 주로 정의를 얘기합니다. 4차 산업혁명이 무엇인지 정의를 설명합니다. 추가로 설명할 때는 특징을 다른 것과 비교해서 얘기합니다. 그리고 나면 용어의 기원이나 새로운 해석을 덧붙입니다.

이것을 정리하면 다음과 같습니다.

- 정의
- 특징
- 기원
- 해석

설명을 줄여야 한다면 정의만 얘기하면 됩니다. 더 늘려야 한다면 특징, 더 늘려야 한다면 기원, 더 늘려야 한다면 해석을 추가하면 됩니다.

그런데 만약 상사가 4차 산업혁명에 대해서 어느 정도 알고 있다고 해보겠습니다. 그러면 당연히 정의 정도만 쓰고 말 것입니다. 하지만 상사의 상사는 4차 산업혁명에 대해 잘 모른다고 했을 때 어떻게 할까요? 정의, 특징, 기원, 해석을 다 쓰면 분량이 너무 늘어납니다. 이때는 다음과 같이 주석을 활용하면 됩니다.

"4차 산업혁명은 인공지능과 같은 정보통신 기술의 융합으로 이루어낸 새로운 산업혁명이다.주1)"

…

주1) 4차 산업혁명은 인공지능, 빅데이터, 사물인터넷, 클라우드, 블록

체인 등의 정보통신 기술의 융합으로 이루어낸 새로운 산업혁명 시대다. 이 중에서 최근 인공지능 기술이 모든 제품과 서비스를 혁신하고 있으며 이러한 현상을 과거 농업 혁명, 증기 혁명, 전기 혁명에 이어 네 번째 혁명이라 부른다. 4차 산업혁명은 클라우스 슈바프가 의장으로 있는 2016년 세계 경제 포럼에서 주창된 용어이다. 4차 산업혁명은 물리적, 생물학적, 디지털적 세계를 빅데이터로 통합시키고 경제 및 산업 등 모든 분야에 영향을 미치는 다양한 신기술로 설명될 수 있다

만약 주석이 지나치게 길다면 첨부를 하면 됩니다.

"4차 산업혁명은 인공지능과 같은 정보통신 기술의 융합으로 이루어낸 새로운 산업혁명이다(상세는 첨부1 참조)."

# 34 데이터에 누락과 중복이 있는지 확인하자

상위 개념을 하위 개념으로 나눌 때 하위 개념 사이에 중복과 누락이 있으면 안 됩니다. 하위 개념을 모두 모으면 상위 개념이 돼야 하고, 하위 개념은 서로 배타적이어야 합니다. 이것을 MECE라고 합니다.

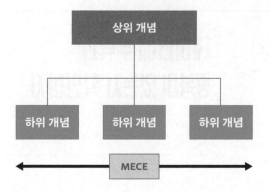

MECE는 Mutually Exclusive Collectively Exhaustive의 머리글자입니다. 상호 배제와 전체 포괄이라는 말입니다. 하위 개념끼리 서로 배제해야 한다는 것이니 두 하위 개념에 무엇인가가 포함돼서는 안 됩니다. 즉 중복되는 요소가 있으면 안 된다는 말입니다. 전체 포괄이란 말은 누락이 없다는 뜻입니다.

예를 들어, 전사의 전력 사용량을 본다고 해봅시다. 상위 개념에서 전사의 전력 사용량이 100이라고 합시다. 그러면 하위 개념에서 사용한 전력량을 모두 합하면 100이 돼야 합니다. A 공정에서 40, B 공정에서 40, 업무동에서 20을 사용했다면 전사 전력 사용량은 100이 됩니다. 이때 A 공정, B 공정, 업무동의 전력 사용량은 서로 중복되지 않고, 전사 전력 사용량에 누락도 없습니다. MECE 하다고 할 수 있습니다.

그런데 A 공정에서 노트북을 사용해서 공정을 제어하는 한 생산 직원이 그 노트북을 업무동에 가져와서 업무 볼 때도 사용한다고 합시다. 이때 이 노트북은 A 공정의 전력을 사용하는 걸까요? 아니면 업무동의 전력을 사용하는 걸까요?

또, A 공정에 고압으로 들어온 전력을 일부 저압으로 바꿔서 업무동에서 사용한다고 해봅시다. 그러면 변압 과정에서 전력 손실이 발생할 수밖에 없는데, 이때 손실량은 전사 전력 사용량에 포함이 안 되는 걸까요?

예를 조직으로 옮겨 봅시다. 전사 매출이 100이고 A 팀 매출이 40, B 팀 매출이 40, C 팀 매출이 20이라고 합시다. 그러면 각 팀의 매출은 중복이 없고, 전사 매출에 누락도 없어야 합니다.

그런데 만약 A 팀과 B 팀이 협업을 해서 매출을 일으켰습니다. 그러면 이 매출은 어느 팀의 것이 되나요? A 팀이 매출을 다 갖는다면 B 팀은 앞으로 협업하지 않을 것입니다. A 팀에서 수주 확률을 거의 다 높인 직원이 B 팀으로 부서를 옮기면 그 직원이 A 팀에서 만든 성과는 어느 팀 것이 되는 걸까요?

A 팀 매출도, B 팀 매출도, C 팀 매출도 아닌 매출이 있다면 이건 어떻게 하나요? 예를 들어 은행에서 들어온 이자나 사옥의 일부를 임대해서 얻는 임대 이익은? 이런 것은 A 팀, B 팀, C 팀 매출을 합쳐도 전사 매출에 누락이 생길 수밖에 없습니다.


한두 가지 예만 들었지만, 실제로 비즈니스에서는 MECE한 경우는 거의 없습니다. 비즈니스를 기반으로 만들어진 데이터도 MECE한 경우는 거의 없습니다. 매출이든, 이익이든, 원가든, 고객 만족도든 비즈니스 활동의 대부분은 MECE하지 않습니다.

MECE를 비즈니스 데이터에 억지로 적용할 필요는 없습니다. 하지만 최대한 MECE하게 데이터를 만드는 것이 그렇지 않은 것보다 논리적이고 체계적입니다.

그래서 비즈니스는 조직을 자주 개편합니다. A 팀과 B 팀이 협업을 자주 한다면 매출이나 이익이 점점 MECE하지 않아질 겁니다. 그때 회사는 두 팀을 하나의 조직으로 합칠 수 있습니다.

MECE하지 않은 이익이나 손실은 회계상에서 기타 손익으로 처리합니다. 사라진 재고 같은 것은 영업외비용 같은 것으로 퉁 치기도 합니다. 부서간 협업이나 어쩔 수 없는 전사 손실은 사전에 부서별 배분 비율을 미리 정합니다. 비즈니스에서는 어쩔 수 없지만 데이터에서는 어느 정도 MECE하게 만드는 것이 중요합니다.

# 35 보고하기 전에 예상 질문을 도출하자

제안서 작성법을 강의하다 보면 많은 학습자가 제안서를 어떻게 쓰면 수주 확률이 높아지는지 묻습니다. 그러면 필자는 제안서는 수주 확률과 관계 없고 수주 여부와 관계 있다고 얘기합니다. 제안서를 잘 쓴다고 해서 수주 확률이 높아지는 것이 아니지만, 제안서를 형편없이 쓰면 수주 자체를 못한다는 뜻입니다. 그렇다면 수주 확률을 높이는 것은 무엇일까요?

장담하건데, 수주 확률을 높이는 건 심사위원의 질문에 대답을 잘 하는 겁니다. 대답을 잘하는 방법은 심사위원의 질문을 예상하는 겁니다. 예상 질문을 먼저 도출하고 대답을 작성하고 외우면 수주 확률이 엄청나게 올라갑니다.

보고도 마찬가지입니다. 상사는 보고를 받을 때 입이 근질근질합니다. 왜냐하면 보고하는 사람이 먼저 말을 할 수밖에 없고, 보고하는 사람에게 주어진 시간 동안은 상사가 입을 다물고 있을 수밖에 없습니다. 상사는 보고가 끝나기만을 기다립니다. 이윽고 보고가 끝나면 바로 질문을 던지고, 만약 질문에 제대로 된 답을 듣지 못했다면 그 보고를 반려할 겁니다.

상사에게 무엇을 보고하든 보고서보다 더 중요한 것은 상사의 예상 질문입니다. 평소에 자주 보고했거나, 도메인에 확실한 경험과 지식이 있으면 상사의 예상 질문에 쉽게 대답할 수 있습니다. 하지만 잘 모르는 주제거나 뭔가 새로 기획한 것이라면 주변 동료에게 예상 질문을 물어보거나 또는 ChatGPT에게 요청하는 것이 좋습니다. 예를 들어 다음과 같은 표가 있습니다.

| 월 | 마케팅비(억원) | 매출액(억원) |
|---|---|---|
| 1 | 1 | 22 |
| 2 | 2 | 33 |
| 3 | 3 | 26 |
| 4 | 4 | 45 |
| 5 | 5 | 65 |
| 6 | 6 | 45 |
| 7 | 7 | 23 |
| 8 | 8 | 76 |
| 9 | 9 | 86 |

보고서, 말이 되게 써라

| 월 | 마케팅비(억원) | 매출액(억원) |
|---|---|---|
| 10 | 10 | 89 |
| 11 | 11 | 103 |

이 데이터를 상사든 고객이든 보고하기 전에 예상 질문을 도출해야 합니다. 예를 들면 다음과 같은 것이 있습니다.

● 마케팅비와 매출액의 추이는 어떤가요?

● 이번 달에는 얼마나 매출이 예상되나요?

● 마케팅비와 매출액의 상관관계는 어떻게 되나요?

● 매출액 중 어떤 제품이나 서비스가 가장 많은 비중을 차지하나요?

● 이전 분기나 연도와 비교하여 성장했는지, 그렇지 않다면 어떤 이유가 있는지 설명해주세요.

● 이번 분기나 연도에는 어떤 마케팅 전략을 시행했나요?

나의 제안서나 기획서나 보고서를 보고 상대가 무슨 질문을 할지 미리 예상해야 합니다. 그 중에 어떤 것은 문서에 넣어도 되고 어떤 것은 말로 설명해야 합니다. 만약 예상 질문을 미리 뽑아놓지 않고 갑자기 상대의 질문이 들어왔을 때 당황하면 이미 제안이든 보고든 준비를 제대로 하지 않은 겁니다.

# 36  숫자를 표기할 때는 끝전을 잘 맞추자

보고서를 쓰다 보면 별일도 아닌데 괜히 신경이 쓰이는 것이 있습니다. 예를 들면 매출을 보고할 때 단위를 뭘로 할까 같은 겁니다. 한 달 매출이 355,467,345원이라고 할 때 천 원 단위에서 끝전을 버리고 355,467천 원으로 보고할 수도 있고, 355백만 원으로 보고할 수도 있고, 3.5억으로 보고할 수도 있습니다. 도대체 뭘로 보고해야 할까요?

일반적으로 금액을 보고할 때는 원 단위를 사용하는 것이 맞습니다. 하지만 단위가 크면 조직의 규모에 따라 단위를 표기하는 것이 좋습니다. 예를 들어 월 매출이 억대라고 해보겠습니다. 말단 사원이 금액을 관리할 때는 원 단위를 사용합니다. 팀장이 본부장에게 보고할 때는 백만 원 단위로 보고합니다. 본부장이 사장에게 보고할 때는 억 원 단위로 보고하되 소수점 한 자리를 추가할 수 있습니다.

- ● 팀원 → 팀장: 120,000,000원
- ● 팀장 → 본부장: 120백만 원
- ● 본부장 → CEO: 1.2억 원

여기서 중요한 것은 단위보다는 일관성입니다. 매출 같은 것은 정기적으로 보고를 합니다. 보고할 때마다 단위가 달라지면 상사는 혼동합니다. 누군가 일부러 매출을 조작하는 듯한 느낌도 받습니다. 일단 어떤 단위로 보고했다면 특별한 사유가 없는 한 같은 단위로 계속 보고하는 것이 좋습니다.

체계가 있는 기업은 단위를 템플릿으로 만들어 적용합니다. 여러 본부나 팀이 다 다른 단위를 사용하면 안 되기 때문입니다. 재무제표는 원 단위를 사용하되 규모에 따라 천 단위나 백만 단위를 사용하도록 허용합니다. 하지만 말로 할 때는 1.2억, 187조 등 말로 소통하기 편한 단위를 사용합니다. 말로 할 때는 상사가 쓰는 단위를 따르는 것이 가장 좋습니다.

끝전을 올리거나 내리거나 버리는 기준도 템플릿에 정해져 있으면 그대로 따르면 됩니다. 재무제표에서 끝전 처리는 회사마다

정한 기준을 따르면 됩니다. 공시와 관련한 법률에서 따로 정한 것이 없습니다. 만약 내부에 정해진 기준이 없다면 반올림하는 것이 최선입니다.

문제는 다른 데 있습니다. 반올림을 하든, 올림을 하든, 버림을 하든 합계를 냈을 때 차이가 발생하는 경우입니다. 예를 들어 다음 표를 보겠습니다. 이 표는 매출액을 원 단위와 천 원 단위로 같이 표기한 표입니다. 천 원 단위로 표기할 때는 소수점 이하 자리를 반올림했습니다. 그랬더니 원 단위 매출액은 601,800원인데, 천 원 단위 매출액은 603천 원이 되어서 숫자가 맞지 않습니다.

| 부서 | 매출액(단위: 원) | 매출액(단위: 천 원) |
|---|---|---|
| 영업1팀 | 100,500 | 101 |
| 영업2팀 | 200,600 | 201 |
| 영업3팀 | 300,700 | 301 |
| 합계 | 601,800 | 603 |

이 문제를 해결하려면 천 단위를 안 쓰면 됩니다. 하지만 실제 현장에서 매번 원 단위로만 보고할 수는 없습니다. 따라서 적절한 선에서 첫째 자리수가 맞게 조정을 하는 것이 좋습니다. 예를 들어 영업1팀의 경우 반올림하지 않고 버림을 할 수 있습니다. 100,500 원을 100천 원으로 버림 표기하는 겁니다.

| 부서 | 매출액(단위: 원) | 매출액(단위: 천 원) |
|---|---|---|
| 영업1팀 | 100,500 | 100 |
| 영업2팀 | 200,600 | 201 |
| 영업3팀 | 300,700 | 301 |
| 합계 | 601,800 | 602 |

이런 문제는 특히 비중을 표현할 때도 나타납니다. 비중을 다 합하면 100%가 되어야 하는데 99%가 되거나 101%가 되기도 합니다. 이때는 가장 큰 비중을 차지하는 항목의 값 또는 기타 항목의 값을 조정해서 100%가 되게 하는 것이 좋습니다.

# 나열하지 말고 발췌해서 요약하자

행사 계획을 보고하는 보고서에는 항상 행사 개요가 있습니다. 개요에는 보통 일정, 장소, 주최자, 참가자, 내용 등이 들어갑니다. 행사 개요는 행사 계획에서 중요한 점만 뽑아서 앞에 정리한 겁니다. 그런데 간혹 보면 개요가 전부일 때가 있습니다. 예를 들면 다음과 같은 것입니다.

# [국제가전대회 부스 운영 계획]

## 행사 개요

- 일정: 2024년 3월 1일부터 5일까지
- 기간: 총 5일
- 주최: 정보통신부
- 주관: ㈜국제행사
- 장소: 부산 벡스코 H1~5
- 전시품: 생활 가전, 주방 가전, AI 가전, 전기차 등
- 예상 참관객: 5만 명
- 참가 기업: 삼성전자, 현대자동차, LG전자, SK 등 200여 개 기업과 기관
- 주요 일정
  - ◇ 개회식: 3월 1일 오전 10시
  - ◇ 미래가전컨퍼런스: 3월 3일 오후 1~5시
  - ◇ 폐회식: 3월 5일 오후 4시
- 참가 예산: 2,000만 원
  - ◇ 부스 디자인 및 설치: 1,200만 원
  - ◇ 부스 운영 인력: 500만 원(5명 x 20만 원 x 5일)
  - ◇ 팸플릿 등 소모품: 200만 원
  - ◇ 식비 등: 100만 원

## 세부 일정

- …

이렇게 개요를 쓴 걸 보면 개요가 정말 개요가 많는지 의심스럽기까지 합니다. 개요란 간결하게 추려낸 내용입니다. 개요의 개概는 평미레를 말합니다. 쌀집에서 되통이나 말통에 쌀을 고봉처럼 쌓고, 둥근 막대기 평미레로 쓱 밀면 정확히 한 되가 되고 한 말이 됩니다. 그렇게 해서 한 되나 한 말을 정확하게 팝니다. 누가 봐도 같은 양이기 때문입니다. 요要는 여자가 손을 허리에 대고 서 있는 모양입니다. 남자든 여자든 허리가 가장 중요重要합니다. 그러니까 개요는, 섞여 있는 것에서 누가 봐도 중요한 것을 뽑거나 골라낸 것입니다. 비슷한 말로 발췌拔萃라고 합니다. 발拔은 손을 써서 바깥으로 잡아 빼는 것이고, 췌萃는 모으는 것입니다.

그런데 개요를 그냥 내용으로 쓰는 사람이 많습니다. 3장짜리 보고서인데 개요만 한 장을 차지할 때도 있습니다. 물론 행사 계획서를 쓸 때는 개요가 조금 길어질 수 있습니다. 하지만 그렇더라도 최대한 간결하게 써야 합니다. 그리고 중요한 것이 항상 위로 와야 합니다.

이 행사 계획을 보고받는 상사에게 무엇이 중요한지 생각해야 합니다. 이 행사가 작년에도 있었고 누가 들어도 아는 행사이고 특별한 이슈 없이 예산을 사용해서 참가하고 있었다고 해보겠습니다. 그러면 행사 일정이나 장소, 참가 기업이나 예산 총액 정도만 개요에 적어도 충분합니다. 작년에도 참가했다면 작년과 비교하는 내용이 중요하니 추가하면 됩니다. 만약 상사가 참가하거나 관심

있어 하는 일정이 있다면 관련 내용에 추가하면 됩니다. 예를 들어 다음과 같이 적을 수 있습니다.

---

## [국제가전대회 부스 운영 계획]

**행사 개요**

- ■ 일정/장소: 2024년 3월 1일부터 5일까지 / 부산 벡스코

  ◇ 주요 일정: 미래가전컨퍼런스: 3월 3일 오후 1~5시

- ■ 참가 기업: 200여 개 기업과 기관(전년과 유사)

- ■ 참가 예산: 2,000만 원(부스 설치 1,200만 원 등)

---

# 38 표를 사용하는 이유를 알고 쓰자

어떤 숫자 데이터를 보고서에 표현할 때 여러 가지 방법이 있습니다. 우선은 표로 보여주는 방법입니다. 예를 들어 A 제품의 1~3월 판매량을 표현하고자 할 때 다음과 같이 표로 보여주곤 합니다.

| 제품<br>(단위: 억원) | 1월 | 2월 | 3월 |
|:---:|:---:|:---:|:---:|
| A | 10 | 9 | 11 |

그런데 이 내용을 반드시 표로 보고해야 할까요? 그냥 다음과 같이 줄글로 보고해도 되지 않을까요?

● A제품 매출(단위: 억 원): (1월)10, (2월)9, (3월)11

또는 다음과 같이 막대 차트로 보고해도 되지 않을까요?

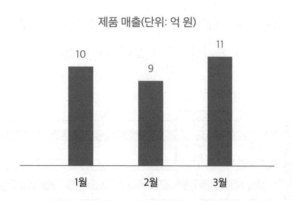

제품 매출(단위: 억 원)

같은 데이터를 표로, 줄글로, 차트로 보여줄 수 있다면 어떤 걸 선택하는 게 좋을까요? 혹시 상사가 표로 보고하라고 하면 표로 보고하고, 줄글로 보고하라고 하면 줄글로 보고하고, 차트로 보고하라고 하면 차트로 보고하면 된다고 생각하시나요? 그러면 안 됩니다.

상사가 월별 데이터를 하나씩 짚어보며 비교하고 대조하고 싶다면 표로 보여줘야 합니다. 상사가 원 페이지 보고나 메일 보고를 원한다면 줄글로 보여줘야 합니다. 상사가 시간 변화에 따른 추이나 평균을 같이 보고 싶다면 차트로 보여줘야 합니다. 어떤 형식으로 보고할 건지는 상사가 데이터를 어떻게 검토할지에 따라 달라집니다.

데이터를 비교하고 대조해서 검토하려면 표로 보는 것이 좋습니다. 비교는 여러 대상의 공통점을 찾는 것이고, 대조는 차이점을 찾는 일입니다. 표는 행열을 추가해서 비교나 대조 데이터를 쉽게 적을 수 있습니다. 예를 들어 다음 그림은 삼성전자 경영설명회 자료입니다. 부문별, 분기별 매출을 보여주고 있습니다.

**매출**
(단위: 조원)

| | | 3Q '22 | 2Q '22 | 3Q '21 | QoQ | YoY |
|---|---|---|---|---|---|---|
| 총 액 | | 76.78 | 77.20 | 73.98 | 1% ↓ | 4% ↑ |
| DX 부문 | | 47.26 | 44.46 | 42.81 | 6% ↑ | 10% ↑ |
| | VD / 가전 등 | 14.75 | 14.83 | 14.10 | 1% ↓ | 5% ↑ |
| | - VD | 7.86 | 7.54 | 7.82 | 4% ↑ | 1% ↑ |
| | MX / 네트워크 | 32.21 | 29.34 | 28.42 | 10% ↑ | 13% ↑ |
| | - MX | 30.92 | 28.00 | 27.34 | 10% ↑ | 13% ↑ |
| DS 부문 | | 23.02 | 28.50 | 26.74 | 19% ↓ | 14% ↓ |
| | - 메모리 | 15.23 | 21.08 | 20.83 | 28% ↓ | 27% ↓ |
| SDC | | 9.39 | 7.71 | 8.86 | 22% ↑ | 6% ↑ |
| Harman | | 3.63 | 2.98 | 2.40 | 22% ↑ | 51% ↑ |

열을 먼저 볼까요? 여기서는 2022년 3분기, 2분기, 전년 3분기 매출을 보여주면서 동시에 전 분기 대비 증감률과 전년 동기 대비 증감률도 같이 보여줍니다. 이것이 비교입니다. 언뜻 보면 매출의 차이를 보여주는 것 같지만, 매출이라고 하는 공통적인 요소를 비교해서 보여주는 것입니다.

사람들은 매출의 공통점을 보고 싶어 합니다. 증감률이 크면 뭔가 이상하거나 잘못됐다고 느낍니다. 분기별로 매출을 비교한다는 말은 분기별로 매출이 일정한 수준으로 증가하기를 원하는 마음이 바탕에 깔려 있습니다. 증감률의 공통점을 보고 싶은 것입니다.

이번에는 행을 볼까요? 행은 DX 부문, DS 부문, SDC, Haman 으로 나뉘어 있습니다. DX 부문 아래에는 VD/가전 등과 MX/네 트워크로 구분되어 있습니다. 이렇게 나눠서 보니 어떤 부문이 매출이 많은지 적은지 금방 알 수 있습니다. 이것이 대조입니다. 여러 부문의 차이를 눈에 띄게 만들어주는 것입니다.

# 표를 그렸으면
# 뭘 봐야 할지도 쓰자

표를 그려서 보고할 때 흔히 하는 실수가 있습니다. 달랑 표만 그려서 보여준다는 겁니다. 상사는 표를 보면 항상 뭔가를 찾으려고 합니다. 갑자기 튀는 숫자는 없는지, 합계는 얼마인지, 뭐가 문제인지 찾으려고 합니다. 상사에게 굳이 이런 수고를 하게 할 필요는 없습니다. 표를 그린 사람이 미리 찾아서 보여주면 됩니다. 예를 들어 다음과 같은 표가 있다고 해보겠습니다.

보고서, 말이 되게 써라

| 구분 | 1월 | 2월 | MoM |
|------|-----|-----|------|
| A 부문 | 10 | 11 | 10% |
| B 부문 | 7 | 8 | 14% |
| C 부문 | 6 | 5 | -17% |
| 전사 합계 | 23 | 24 | 4% |

이 표를 상사가 보면 1월에 비해 2월에 얼마나 올랐는지 궁금해
할 겁니다. 따라서 이 표를 보여줄 때 위나 아래에 다음과 같은 내
용을 적어주면 좋습니다.

● 전사 매출은 1월 23억 원, 2월 24억 원으로 4% 증가
A 부문: 10 →11 (10%), B 부문: 7 → 8 (14%), C 부문: 6 → 5 (-17%)

상사가 합계 대신 평균을 궁금해한다면 이렇게 쓸 수도 있습니다.

● 부문 평균 매출은 1월 7.7억 원, 2월 8억 원으로 4% 증가
A 부문: 10 →11 (10%), B 부문: 7 → 8 (14%), C 부문: 6 → 5 (-17%)

상사가 어느 부문이 매출이 높은지 궁금하다면 평균 대신 최댓
값으로 말할 수도 있습니다.

> ● 최대 매출 부문은 1, 2월 모두 A 부문
>
> A 부문: 10 →11 (10%), B 부문: 7 → 8 (14%), C 부문: 6 → 5 (-17%)

반대로 물론 최솟값으로도 말할 수 있습니다.

> ● 최소 매출 부문은 1, 2월 모두 C 부문
>
> A 부문: 10 →11 (10%), B 부문: 7 → 8 (14%), C 부문: 6 → 5 (-17%)

수치 대신 추이를 말할 수도 있습니다.

> ● A, B 부문은 증가, C 부문은 하락
>
> A 부문: 10 →11 (10%), B 부문: 7 → 8 (14%), C 부문: 6 → 5 (-17%)

특징만 발췌해서 쓰는 것도 가능합니다.

> ● C 부문만 하락
>
> A 부문: 10 →11 (10%), B 부문: 7 → 8 (14%), C 부문: 6 → 5 (-17%)

어떤 것을 상사에게 보여줄지는 상사의 관심이나 최근의 지적 사항을 참고하면 됩니다. 물론 상사가 얘기하지 않았지만 데이터에서 뭔가 특이한 것이 있으면 그걸 써도 됩니다. 중요한 것은 달랑 표만 보여줘서는 안 된다는 겁니다.

# 40 차트를 그렸으면 왜 그렸는지 쓰자

 

데이터를 표현할 때 차트를 많이 씁니다. 표보다는 시각적으로 한눈에 보이고 메시지가 강렬하기 때문입니다. 그런데 메시지 없이 단순히 그림으로 보여주기 위해 차트를 쓰는 경우도 적지 않습니다. 글줄로 쓰면 될 것을 굳이 차트로 치장하느라 보고서 작성 시간만 허비합니다. 예를 들어 보겠습니다. 다음 차트는 1월과 2월의 A 제품 매출입니다. 1월에 98억, 2월에 99억 매출이 나왔습니다.

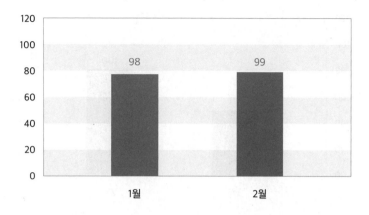

A 제품 매출(억 원)

그래서요? 1월에 98억, 2월에 99억 매출이 나왔는데, 그래서 차트가 뭘 보여주는 걸까요? 여러분은 이 차트를 보고 1월 98억, 2월 99억 외에 무엇을 더 알 수 있나요? 사실 아무것도 더 알 수 없습니다. 그냥 1월 매출과 2월 매출을 차트로 나열한 것뿐입니다. 그게 다입니다. 그게 다라면 그냥 다음과 같이 글로 써도 되지 않을까요?

● A제품 매출: 1월 98억, 2월 99억

그렇다면 어떤 경우에 차트를 쓰면 좋을까요? 2월 매출이 1월의 2배가 된다면 어떨까요? 이때는 차트가 그 차이를 극명하게 보여줍니다.

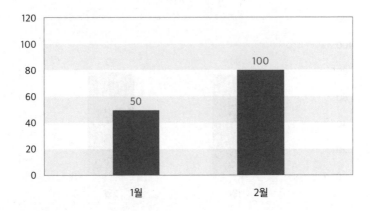

A 제품 매출(억 원)

시계열 기준이 두 개밖에 없어서 차이가 잘 안 보인다면 다음 차트를 볼까요? 하반기에 매출이 급성장하고 있는 것을 금방 알 수 있습니다.

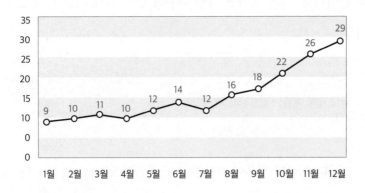

매출(억 원)

이 차트를 표로 보여주면 어떨까요? 분명 월별로 매출이 성장하고는 있지만 숫자를 하나하나 읽어보기 전까지는 하반기 매출 성장이 눈에 와 닿지는 않습니다.

| 제품 | 1월 | 2월 | 3월 | 4월 | 5월 | 6월 | 7월 | 8월 |
|------|-----|-----|-----|-----|-----|-----|-----|-----|
| A제품 | 9 | 10 | 11 | 10 | 12 | 14 | 12 | 16 |

| 9월 | 10월 | 11월 | 12월 |
|-----|------|------|------|
| 18 | 22 | 26 | 29 |

차트를 사용하는 이유는 어떤 것을 강조함으로써 보고자가 전달하고자 하는 메시지를 던지기 위함입니다. 그래서 차트 안에서 강조할 것을 직접 표기하면 더 좋습니다.

A 제품 매출(억 원)

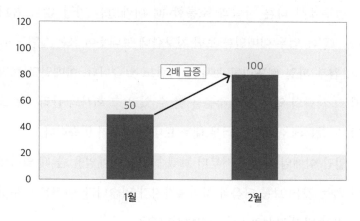

# 41

## 이메일을 쓸 때는 밑에서부터 쓰자

업무에서 다른 사람과 소통할 때 이메일을 가장 많이 씁니다. 그런데 업무 이메일을 보면 친구한테 보내듯이 쓰는 사람도 있고, 첨부 파일 빠뜨리고 보내는 사람도 있습니다. 이메일만 보면 딱 그 사람의 업무 처리 수준을 알 수 있고 그 회사의 관리 수준을 알 수 있는데 이메일을 너무 대충 보내는 경우가 많습니다.

일단 이메일 작성 순서부터 보겠습니다. 이메일을 쓸 때 입력해야 하는 것은 보통 다음과 같이 4가지가 있습니다. 여러분은 무엇을 가장 먼저 작성하거나 입력하시나요?

- 수신자
- 제목
- 본문
- 첨부 파일

강의하면서 학습자에게 물어보면 절반은 수신자, 나머지 절반은 제목을 먼저 쓴다고 대답합니다. 완전히 잘못된 순서입니다. 이런 순서가 나온 이유는 수신자와 제목이 화면 위에 있기 때문입니다. 위에 있다고 해서 먼저 써야 하는 건 아닙니다. 올바른 이메일 작성 순서는 첨부파일, 본문, 제목, 수신자입니다. 화면 아래에서부터 거꾸로 쓰는 겁니다.

첨부파일을 먼저 선택하는 것이 중요합니다. 그래야 첨부 없이 메일을 보내는 실수를 막을 수 있습니다. 다들 경험해 봤습니다. 첨부파일을 빠뜨리고 메일 보낸 적 있으시죠? 또, 다른 사람이 내게 첨부파일 없이 메일 보내기도 합니다. 그럴 때는 "앗, 죄송합니다. 첨부파일을 빠뜨렸네요."라고 꼭 금방 다시 메일 옵니다.

첨부파일을 선택한 다음에는 본문부터 작성해야 합니다. 제목이 아니라 본문입니다. 왜냐하면 첨부파일의 내용을 요약하거나 개요로 잡은 것이 본문이기 때문입니다.

여러분이 첨부파일을 메일로 받았다고 해보겠습니다. 그러면 첨부파일을 바로바로 일일이 다 열어서 확인하시나요? 사실 메일을 받자마자 첨부파일을 바로 열어서 다 읽어보는 분은 거의 없습니다. 파일을 열었다 해도 대강 훑어봅니다. 이메일을 받는다는 것이 내가 원해서 원하는 시간에 원하는 분량으로 받는 것이 아닙니다. 그러니 시간이 없거나 마음의 여유가 없거나 귀찮은 상태라면 그냥 제목이나 본문만 보고 맙니다.

이런 상대를 위해 첨부파일을 요약하거나 개요를 잡은 것이 본문인 겁니다. 본문을 쓰는 이유는 첨부파일을 안 열어보거나 대충 보는 상대를 위한 배려입니다. 또, 첨부파일에서 중요한 것을 강조하기 위한 것이기도 합니다.

예를 들어 워크숍 계획을 담은 첨부파일의 분량이 10장이라고 하겠습니다. 메일 본문에는 주요 내용을 넣어야 합니다. 예를 들어 주제나 대상, 시간이나 장소 같은 것이 됩니다. 이것이 개요입니다. 또 워크숍을 기획한 취지나 원하는 결과를 간략히 정리해야 하죠. 이것을 요약이라고 합니다.

개요와 요약은 비슷해 보이지만 다릅니다. **개요**는 주요 내용을 간결하게 추려낸 겁니다. 추려낸다는 말은 섞여 있는 것에서 여럿을 뽑아내거나 골라내는 겁니다. 워크숍 안내에 이런저런 내용이 섞여 있어서 이 중에서 상대가 알아야 할 것 몇 가지를 골라낸 겁니다. 주제나 대상, 시간이나 장소 같은 것을 주로 골라냅니다.

**요점**은 가장 중요하고 중심이 되는 사실이나 관점입니다. **요약**은 요점을 간추린 겁니다. 간추린다는 말은 흐트러진 것을 가지런히 바로잡거나 간략하게 정리하는 겁니다. 즉, 요약은 판단이나 주장의 핵심을 논리적으로 서술하는 겁니다. 워크숍 추진 배경이나 기대효과를 짧게 정리하면 요약이 됩니다.

개요와 요약을 하려면 먼저 내용이 있어야 합니다. 그 내용이 보통 첨부파일에 들어갑니다. 그 첨부파일에서 개요를 잡거나 요약한 것이 본문이니 당연히 첨부파일 다음에 본문을 쓰는 게 맞습니다.

본문을 다 썼으면 이제 제목을 써야 합니다. 워크숍 계획서를 첨부파일로 올리고 참가자에게 보낸다고 해보겠습니다. 이때 제목을 다음과 같이 쓰면 될까요?

● "워크숍 계획서 송부"

우리가 흔히 이메일에도 '제목'이라는 말을 쓰기 때문에 본문의 내용을 대표하거나 보이기 위해 붙이는 이름으로 생각합니다. 하지만 이메일 제목과 보고서 제목은 다른 겁니다. 보고서 제목은 보고서의 내용을 대표하거나 보이기 위해 붙이는 이름이 맞습니다. 하지만 이메일 제목은 이메일 본문을 대표하거나 보이기 위해 붙이는 이름이 아닙니다. 이메일 제목에 들어가야 할 것은 제목이 아니라 용건이기 때문입니다.

용건은 해야 할 일입니다. 조직에서 해야 할 일은 두 가지입니다. 내가 해야 할 일, 상대가 해야 할 일. 우리가 워크숍 계획서를 참가자에게 보내는 용건은 워크숍을 안내하는 겁니다. 워크숍 계획서 파일 제목을 쓰는 것이 아니라 다음과 같이 워크숍을 안내하는 제목을 써야 합니다.

● "워크숍 안내"

그리고 하나 더 써야 하죠. 상대가 해야 할 일입니다. 우리가 워크숍을 안내하면 상대는 뭘 해야 할까요? 내용을 확인하거나 신청을 하거나 일정을 조정하거나 뭔가를 해야 합니다. 그래서 상대가 할 일을 이메일 제목에 같이 적어야 합니다. 제목 끝에 괄호를 쓰고 상대 용건을 안에 적으면 좋습니다.

● "워크숍 안내(확인 회신 요망)"

다음과 같이 용건을 말머리처럼 앞에 붙이는 경우도 있습니다.

● "(회신 요망)워크숍 안내"

　용건을 앞에 붙였다면 맨 뒤에는 중요 내용을 붙여도 좋습니다. 중요 내용은 이메일을 받는 사람이 반드시 알아야 할 것 또는 가장 궁금해할 것 등입니다.

● "(회신 요망)워크숍 안내(3/4-5)"

# 42

# 공문은 행정편람을 참고하자

공공기관을 상대로 일을 하는 기업은 공문을 써야 할 때가 많습니다. 이때 사내에 있는 공문 서식을 사용하곤 합니다. 문제는 사내 공문 서식이 개정이 안 되어서 옛날 서식으로 남아있기도 하고, 외국과 주고 받는 영어식 공문을 쓰는 곳도 있다는 겁니다. 그래서 별생각 없이 우리나라 공공기관에 공문을 내보내면 형식이 맞지 않다고 반려를 당하거나, 회사가 체계가 없다고 무시당하기도 합니다.

이럴 때는 행정안전부가 발간한 행정업무운영 편람을 참고하면 됩니다. 행정업무운영 편람은 공무원이 사무를 어떻게 하면 되는지 적은 책입니다. 여기에 공문서의 작성과 처리에 관한 내용이 잘 정리되어 있습니다.

　편람에는 예시 공문이 많이 있어서 서식뿐만 아니라 내용 작성에도 참고하기 좋습니다. 예를 들어 다음의 공문 서식을 그대로 활용하면서 맨 위에 기관명과 맨 아래 기관장과 부서만 자기 조직으로 바꾸고 쓰면 됩니다.

**행정안전부**

수신　수신자 참조

(경유)

제목　공문서 작성 시 쉽고 바른 우리 말 활용 안내

1. 관련 :「행정 효율과 협업 촉진에 관한 규정 」제7조(문서 작성의 일반 원칙)

> 【행정효율과 협업 촉진에 관한 규정】제7조(문서 작성의 일반 원칙) ① 문서는 '국어기본법' 제3조제3호에 따른 **어문규범에 맞게 한글로 작성**하되, 뜻을 정확하게 전달하기 위하여 필요한 경우에는 괄호 안에 한자나 그 밖의 외국어를 함께 적을 수 있으며, 특별한 사유가 없으면 가로로 쓴다.
> ② **문서의 내용은 간결하고 명확하게 표현**하고 일반화되지 않은 약어와 전문용어 등의 사용을 피하여 **이해하기 쉽게 작성**하여야 한다.

2. 행정기관은 공문서 작성 등 업무수행 과정에서 쉽고 바른 우리말과 글을 활용하여 국민과의 의사소통을 원활히 하도록 하여야 합니다.

3. 우리 부에서는 574돌 한글날을 맞아 문화체육관광부와 합동으로 공문서 작성 시 무심코 사용되는 외국어·외래어 표현을 붙임과 같이 선정하였습니다. 각 기관에서는 업무 수행 과정에서 적극적으로 참고하여 주시고, 관할 소속기관 등에도 전파하여 협조해 주시기 바랍니다.

   ※ 보다 자세한 내용은 '행정업무운영편람(12월 개정판 발간 예정)', 국립국어원 누리집(www.korean.go.kr)에서 확인할 수 있습니다.

붙임　공문서 작성 시 무심코 사용되는 외국어·외래어 표현 30선. 끝.

### 행정안전부장관

수신자　243개 전체 지자체, 중앙행정기관

---

| | | |
|---|---|---|
| 행정사무관 임○○ | 정보공개정책과장 고○○ | 전결 2020. 10. 8. |
| 협조자 | | |
| 시행 정보공개정책과−5934 | 접수 | |
| 우 30128 세종특별자치시 한누리대로 411 (어진동) | | / http://www.mois.go.kr |
| 전화번호 (044)205-2262 팩스번호 (044)205-8717 | / honeykyo@mois.go.kr | / 대국민공개 |

　행정업무운영 편람은 몇 년마다 갱신됩니다. 2024년 1월 기준으로 2020년 버전이 있으며 행정안전부 홈페이지에서 정책자료 → 간행물에서 다운로드할 수 있습니다.

　행정안전부 홈페이지: https://www.mois.go.kr

# 제대로 지시하고
# 제대로 검토하자

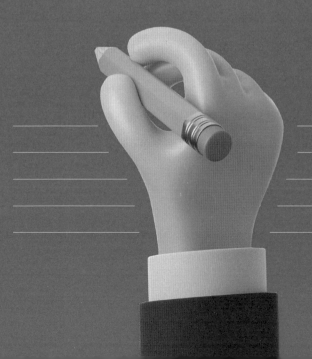

# 43 지시할 때 요요요 질문에 대답하라

혹시 '요요요 주의보' 아시나요? 기성 세대가 MZ 세대에게 업무를 지시하면 MZ 세대가 "이 걸요?", "제가요?", "왜요?"라고 묻는다 해서 '요요요' 또는 '3요 주의보'라고 합니다.

- 이 걸요? → 해당 업무의 내용과 목적에 대한 설명 요구
- 제가요? → 해당 업무에 왜 내가 적합한지 설명 요구
- 왜요? → 해당 업무의 배경과 기대효과 등 설명 요구

보고서, 말이 되게 써라

지시를 받은 사람이 그 일이 뭔지, 그 일을 왜 하는지, 왜 내가 해야 하는지 궁금한 것은 당연합니다. 그런데 기성 세대는 그 궁금증을 어떻게 풀었습니까? 지시한 상사에게는 묻지 않고 옆 팀 팀장이나 팀원에게 가서 물어봅니다.

"박 팀장님, 혹시 본부장님이 이런 일을 시키셨는데, 이거 왜 시키시는지 아세요? 혹시 박 팀장님한테도 시켰나요? 혹시 제가 찍힌 건가요?"

"최 과장님, 혹시 이런 일 관련해서 본부장님한테 따로 들은 얘기 없나요?"

"최 대리님, 혹시 이런 일 아세요? 이 일이 뭔가요? 어떤 상황이죠? 한번 알아봐 주세요."

일을 시킨 건 상사인데 엉뚱한 데 가서 물어봅니다. 그래도 예전에는 회사 규모도 작고 비즈니스도 복잡하지 않았습니다. 자기가 할 일이 분명했고 한 가지 업무만 수십 년을 했으니 상사가 뭔 지시를 하든 찰떡같이 알아들었습니다. 게다가 입사 때부터 같은 상사와 10년, 20년 일하다 보면 개떡같이 지시받아도 찰떡같이 일을 해냅니다.

그런데 요즘은 그렇지 않습니다. 하루가 다르게 세상이 변하고 기술이 발전하고 새로운 사업과 비즈니스 모델이 튀어나옵니다. 항상 새로운 업무가 생기고 새로운 기술을 배우느라 쉴 틈이 없습니다. 같은 일을 10년 이상하기도 어렵고 같은 상사와 10년 붙어 있기도 어렵습니다. 대기업 평균 근속연수도 10년이 채 안 되고, 신입사원 평균 근속연수가 3년이 안 되는 시대입니다.

팀원에게 지시하면 팀원이 찰떡같이 알아듣고 일하는 경우는 이제 없습니다. 팀원에게 지시하면 팀원이 '요요요'하며 질문하는 것을 다행스럽게 생각해야 합니다. 그런 질문조차 하지 않는 팀원이라면 엉뚱한 팀원에게 가서 물어볼 겁니다. 그런데 그 팀원도 잘 모르는 건 매한가지입니다. 그나마 수소문이라도 하는 팀원은 낫습니다. 질문도 하지 않고 수소문도 안 하는 팀원은 결국 엉뚱한 일을 해 옵니다.

질문이 서툴러서 그렇지 '요요요' 질문은 사실 아주 좋은 질문입니다. 원래 팀원은 이렇게 질문하지 않습니다. 예를 들어 팀장이 팀원에게 팀 워크숍을 갈 테니 계획을 짜서 보고하라고 지시했습니다. 그러면 팀원이 "어떻게 물어볼까요?", "이 걸요?", "제가요?", "왜요?"라고 물어보면 그나마 다행입니다. 보통은 이런 걸 물어봅니다.


"언제 갈까요?

"어디로 갈까요?"

"예산은 얼마로 할까요?"

"어떤 프로그램 할까요?"

그러면 팀장이 대답합니다.

"다음 달 초가 낫지 않을까요? 가까운 데로 가죠. 춘천까지는 멀고, 가평 정도가 좋겠네요. 거기 펜션도 많으니까요. 예산은 잡아놓은 것이 6백 만 원입니다. 소통을 주제로 하면 좋겠네요."

그럼 그냥 팀장이 계획 잡으면 되지 않나요? 팀장이 지금 다 결정해 버렸습니다. 팀원은 그냥 보고서를 대필하는 사람이 돼 버릴 겁니다. 굳이 대필만 할 거라면 팀원에게 지시하는 것도 비효율적입니다. 어떤 팀원은 이런 것도 물어봅니다.

"팀장님도 가세요? 바쁘시면 저희끼리 가도…"
"저는 업무가 많아서 안 가도 되나요? 계획은 말씀하신 대로 짜서 보고하겠습니다."

팀장이 워크숍 계획을 지시할 때 이런 질문을 바란 건 아닐 겁니다. 언제 갈지, 어디로 갈지, 예산은 얼마로 할지 더 좋은 답을 팀원이 찾아서 보고하기를 원했을 겁니다. 그런데 팀원이 그냥 팀장에게 답을 물어보면 결국 일은 팀장이 한 겁니다. 팀장이 팀원에게 보고한 셈입니다.

하지만 이제는 팀원이 '요요요' 질문을 하는 것이 팀장에게 낫습니다. "이 걸요?", "제가요?", "왜요?"라고 하는 팀원이 어려 보이고 어리숙해 보이고 예의 없어 보이긴 하지만 질문 그 자체만 보면 홀

륭합니다. 요요요~~~ 질문의 표현만 좀 가다듬어 보면 다음과 같습니다.

> ● "왜요?"
>
> ⇒ "그 문제가 얼마나 중요하고 긴급합니까?"
>
> ⇒ "그 문제를 풀고 나면 어떤 효과를 기대하십니까?"

> ● "이 걸요?"
>
> ⇒ "팀장님이 풀고자 하는 문제가 무엇입니까?"
>
> ⇒ "팀장님이 이 문제를 풀려고 하는 목적이 뭡니까?"

> ● "제가요?"
>
> ⇒ "제가 그 문제를 어떻게 해결하기를 원하십니까?"
>
> ⇒ "제가 그 문제를 해결할 때 고려하거나 참고할 것이 무엇입니까?"

누구든 지시를 받으면 지시한 사람에게 질문해야 합니다. 그래야 일을 제대로 처리하고 제대로 보고할 수 있습니다. 그 문제가 얼마나 중요하고 긴급한지 물어봐야 워크숍의 일정과 장소, 대상과 규모를 정할 수 있습니다. 문제가 중요하고 긴급하면 이번 주라도 다 같이 가야 합니다. 그 문제를 풀고 나면 어떤 효과를 기대하는지 물어봐야 워크숍을 갔다 와서 딴 소리 안 합니다. "워크숍 갔다 와도 달라진 것이 없다.", "워크숍 간다고 그게 해결되나.", "또 쓸데없는 워크숍 가나." 같은 말에 뭐라도 객관적으로 보여줄 효과가 있어야 합니다. 상사가 "그냥, 연말도 되고 하니…"라고 대답한다면 더더욱 기대 효과를 물어봐야 합니다. 회사에서 '그냥' 하는 일에 돈을 쓰면 횡령이자 직권남용입니다.

지시자가 풀고자 하는 문제가 무엇인지 물어봐야 워크숍 주제와 프로그램을 구성할 수 있습니다. 소통이 안되는 것이 문제면 소통을 주제로 소통 강사를 모실 수 있고, 매출 저하가 문제면 매출 향상 과제를 팀원이 하나씩 가져와서 발표하고 토론하는 프로그램을 만들 수 있습니다. 그래서 문제를 풀려고 하는 목적이 무엇인지 물어봐야 합니다. 소통이 잘 되게 하는 것이 목적인지, 소통으로 인한 불편을 줄이는 것이 목적인지, 팀원이 서로 가족처럼 지내고자 하는 것이 목적인지, 팀 평가에 포함된 소통 점수를 높이고자 하는 것이 목적인지, 분명하게 물어보고 같이 정해야 합니다. 그래야 엉뚱한 목표가 생기지 않습니다.

문제를 내가 어떻게 해결하기를 원하는지 물어봐야 내 시간과 노력을 얼마나 쏟을지, 내가 지금 당장해야 하는지 나중에 해야 하는지 알 수 있습니다. 상사에게 바로바로 보고해야 하는지, 최종 결과만 정해서 가져가면 되는지 판단할 수 있습니다. 그 문제를 풀 때 고려하거나 참고할 것이 무엇인지도 물어봐야 합니다. 내가 가용할 수 있는 돈, 사람, 시간은 얼마나 되는지도 물어봐야 합니다. 추가로 필요한 정보는 어느 선까지 알아봐 줄 수 있는지, 이전에 보고된 문건이 있는지 물어봐야 일을 제대로 할 수 있습니다.

"왜요?", "이 걸 요?", "제가요?"는 결국 배경과 목적과 기대효과입니다. 모든 보고서의 목차는 처음에 배경과 목적에서 시작합니다. 그리고 마지막은 대부분 기대효과로 끝납니다. 그 문제가 얼마나 중요하고 긴급한지, 상사가 풀고자 하는 문제가 무엇인지, 그 문제를 어떻게 해결하기를 원하는지, 고려하거나 참고해야 할 것이 무엇인지가 배경입니다. 결국 "왜요?", "이 걸요?", "제가요?"는 결국 배경과 목적과 기대효과를 묻는 질문입니다.

문서 목차 예시

| 사업기획서 | 방안 보고서 | 제안서 |
| --- | --- | --- |
| 추진 배경 | 배경 및 문제 | 배경과 목적 |
| 환경분석 | 핵심 원인 | 현황과 문제점 |
| 사업기회 | 해결 방안 | 환경분석 |
| 추진전략 | 세부 계획 | 핵심성공요인 |
| 세부계획 | 기대효과 | 추진전략 |
| 기대효과 | 향후 조치 | 기대효과 |

여러분은 보고서를 쓸 때 이것이 상사가 원하는 건지 어떻게 판단하시나요? 상사에게 가져가서 보고할 때 그때 상사가 판단한다고 생각하시나요? 전혀 그렇지 않습니다. 우리가 상사에게 배경

과 목적과 기대효과를 질문해서 답을 얻어내면, 그것이 우리가 쓰는 보고서의 첫 항목과 마지막 항목이 됩니다. 그러면 우리는 그 가운데 내용만 앞뒤 논리에 맞게 채우면 됩니다. 보고서를 제대로 시작해서 제대로 끝냈는지 아주 쉽게 판단할 수 있습니다.

만약 팀장이 팀원에게 워크숍 보고를 지시했는데 팀원이 아무런 질문도 하지 않는다면 어떻게 해야 할까요? 중간에 팀원 자리에 가서 "잘 되고 있나요?"라고 물어봐야 할까요? 좋은 방법은 지시할 때 팀원에게 물어봐야 한다는 겁니다. 일단은 팀원에게 이렇게 물어봐야 합니다.

"지시한 내용은 잘 이해했습니까? 제게 질문할 것이 더 없나요?"

팀원이 대답합니다.

"네, 더 질문드릴 것이 없습니다."

그러면 이제 팀장이 질문할 차례입니다.

"그러면, 제가 질문을 좀 하겠습니다. 이 문제가 얼마나 중요하고 긴급하죠? 이 문제를 풀고 나면 어떤 효과가 나올까요? 제가 풀고자 하는 문제가 정확히 뭔가요? 이 문제를 풀려고 하는 목적이 뭐죠? 이 문제를 어떻게 해결할 건가요? 뭘 고려하고 참고할 건가요?"

지시를 하면 그 일을 왜 하는지 왜 그 일인지 왜 그 사람이 해야 하는지 서로 물어야 합니다. 어느 일방만 질문할 필요는 없습니다. 팀원이 질문하지 않으면 팀장이 질문하면 됩니다. 그렇게 서로 물어보고 잘 모르면 다시 생각하고 다시 지시하고 다시 질문하면 됩니다. 그렇게 그 일의 배경을 명확히 하고 목적을 한 문장으로 확정하고 기대효과를 측정 가능한 것으로 정해야 합니다. 그게 제대로 된 업무 지시입니다.

# 44 부서장이 가진 권한을 확인하자

영화 스파이더맨을 보면 삼촌이 죽기 전에 스파이더맨에게 이렇게 말합니다.

"With great power, comes great responsibility."

큰 힘에는 큰 책임이 따른다는 말입니다. 스파이더맨이 가진 큰 힘을 잘못 쓰면 그 책임을 져야 하니 힘을 바르고 곧게 쓰라는 삼촌의 당부입니다. 그런데 실제 비즈니스 현장에서는 전혀 안 맞는 말 같습니다. 다들 힘은 없고 책임만 진다고 합니다. 반은 맞고 반은 틀린 얘기입니다.

비즈니스에서 힘, 즉 권한에 대해 얘기를 하려면 일단 **위임전결**

을 이해해야 합니다. 어느 회사나 위임전결 규정이 있습니다. **위임전결**은 회사의 경영활동이나 업무수행에 필요한 의사결정 권한을 부서장에게 맡기는 위임委任과, 상위자의 결재를 생략하고 자신의 책임으로 최종 판단하는 전결專決을 말합니다.

원래 법인기업의 모든 결정은 이사회가 해야 합니다. 하지만 이사회가 매번 모여 모든 것을 결정하기 어렵기 때문에 대부분의 사항을 대표이사가 대리합니다. 하지만 대표이사가 그 모든 결정을 다 내리기에는 물리적, 정신적 한계가 있습니다. 대표이사는 자신의 결정 권한을 하위 부서장에게 맡겨야 하고, 그 부서장이 오롯이 혼자 결정할 수 있도록 지원하고 믿어야 합니다.

이런 것을 규정 없이 대표이사가 그때그때 맘대로 정하면 어떻게 될까요? 다들 대표이사만 바라보거나 결정을 누가 하는지 몰라 헤맵니다. 직원이 몇 명 안 되는 기업이라면 문제가 없지만, 직원이 수십, 수백, 수천, 수만 명이 되면 난장판이 됩니다. 위임전결 규정이 필요한 이유입니다.

위임전결에서 중요한 것은 위임 대상이자 전결 대상은 오직 부서장이란 것입니다. 즉, 부서원은 위임 대상이 될 수 없고 전결 대상도 될 수 없습니다. 우리가 조직도를 보면 이 사실을 알 수 있습니다. 조직도는 회사의 공식적인 지시보고 체계입니다. 지시를 해야 하고 보고를 해야 하니 위임전결 규정과 같은 체계를 가집니다. 조직도에서 선은 개인에게 가지 않습니다. 항상 대표이사부터 말단 부서장까지만 선이 연결됩니다. 부서원은 그냥 말단 부서장 아래에 목록으로 나타납니다. 대표이사의 지시가 부서장까지만 가능하고, 위임전결도 부서장까지만 가능하기 때문입니다.

그렇다면 말단 부서가 팀이라고 했을 때 팀장이 팀원에게 위임하고 전결할 수 있게 할 수 있을까요? 당연히 불가능합니다. 팀장이 팀원에게 결정권을 주는 것 자체가 회사 규정으로는 할 수 없다는 말입니다. 예를 들어 팀장이 휴가를 갔습니다. 그러면 팀의 가장 선임이 대신 팀장 역할을 하고 결재를 할 수 있을까요? 당연히 안 됩니다. 팀장의 상위 부서장이 그 결재를 대신해야 합니다.

결재는 권한이 아닙니다. 책임입니다. 자신이 전결을 하면 그 결정에 오롯이 자신이 책임을 저야 합니다. 그래서 위임전결 규정에 따라 받은 전결권은 권한이 아니라 책임입니다. 단지 상위 부서장에게 보고해서 결재를 득하지 않을 뿐입니다. 약간의 불편함이 사라지는 것뿐이지 그걸 권한이라고 생각할 수는 없습니다.


사실 위임전결 규정으로 부서장이 가지는 실질적인 권한은 독점권과 보고권, 정보권, 자원권입니다.

**독점권**은 그 업무를 우리 부서만 수행할 수 있는 권한입니다. 예를 들어 위임전결 규정에 따라 100만 원 이하의 물품 구매 업무를 총무팀이 전결한다고 해보겠습니다. 그러면 100만 원 이하의 물품 구매와 관련한 업무는 총무팀이 독점하는 겁니다. 다른 부서가 총무팀의 결재를 받지 않고 물품을 구매하면 월권이 됩니다.

총무팀은 여러 팀의 물품 구매 요청을 듣고 적절히 결정할 수 있습니다. 불필요한 물품은 결재를 안 해주고 꼭 필요하다 할지라도 시기를 늦추거나 가격이 더 저렴한 물품을 알아보도록 할 수 있습니다. 그렇게 업무를 독점함으로써 얻은 성과는 오로지 총무팀이 가져갑니다. 업무를 독점함으로써 성과를 챙길 수 있는 겁니다.

**보고권**은 그 업무를 우리 부서만 상위 부서장들에게 보고할 수 있는 권한입니다. 해당 업무의 진척이나 결과를 우리 부서만 보고할 수 있습니다. 다른 부서가 상위 부서장에게 보고하면 비선 보고가 됩니다. 총무팀은 물품 구매 내역을 정리해서 상위 부서장에게 보고할 수 있습니다. 내년에 얼마나 구매할지도 정해서 보고할 수 있습니다. 필요하다면 대표이사에게 직접 보고해서 얼굴을 알릴 기회도 가질 수 있습니다.

대통령의 2인자라고 하는 사람이 있습니다. 공식 서열로는 국무총리가 2인자입니다. 하지만 진짜 2인자는 따로 있습니다. 바로 대통령을 독대해서 직보하는 사람입니다. 이런 사람이 진짜 2인자입니다. 대표이사와 독대해서 직보할 수 있는 권한이 보고권입니다.

독점권과 보고권을 갖고 있으면 자연스럽게 정보가 모여듭니다. 총무팀은 모든 부서가 어떤 물품을 구매하는지 알 수 있습니다. 인사팀은 모든 부서의 직원 정보를 가지게 됩니다. 전략기획팀은 모든 부서의 전략과 사업 현황을 분석할 수 있습니다.

대표이사와 독대하는 자리가 많으면 당연히 주변에서 이런 저런 질문이나 요청이 들어옵니다. 자연스럽게 여러 부서의 숨은 이야기, 속마음, 향후 계획 같은 것을 알게 됩니다. 이렇게 모은 정보는 결국 권력이 됩니다. **정보권**을 만드는 것이 바로 독점권과 보고권입니다.

독점권, 보고권, 정보권을 가지면 자연스럽게 **자원권**이 따라옵니다. 부서장이면 원래 자기 부서의 자원을 전결규정에 따라 사용할 수 있는 권한이 있습니다. 그런데 제가 말하는 자원권은 부서의 자원이 아니라 다른 부서의 자원을 말합니다. 총무팀은 더 싼 물품을 찾도록 다른 부서에 요청을 할 수 있습니다. 만약 한 부서가 더 싼 물품을 찾았다고 했을 때, 같은 물품을 구매하는 부서에 더 싼 물품을 알려줄 겁니다. 정작 더 싼 물품을 찾는 일은 다른 부서가 했습니다.

기획팀은 각 부서에 대표이사 보고용 데이터를 요청하면서 참고할 데이터를 한두 개 더 넣어서 요청할 수 있습니다. 기획팀이 찾아야 마땅한 데이터라도 각 부서가 찾게 할 수 있습니다. 이런 식으로 다른 부서의 자원을 일부 사용할 수 있는 것이 자원권입니다.

정리하자면 부서장이 가진 권한은 독점권, 보고권, 정보권, 자원권입니다. 부서장은 이 4가지 권한을 항상 반드시 가지고 있습니다. 이 권한을 제대로 사용하지 못하기 때문에 늘 권한은 없고 책임만 진다고 말하는 겁니다.

보고서, 말이 되게 써라

# 45 부서장의 권한을 제대로 행사하자

상위 부서장이 하위 부서장에게 업무를 지시할 때는 조직도의 지시선을 활용하면 됩니다. 위임전결 규정에 따라 지시해도 됩니다. 문제는 부서장끼리 권한 행사가 아닙니다. 말단 부서장과 부서원 사이의 권한 행사 문제입니다. 앞에서 말했듯 팀장이 말단 부서장이라면 팀원에게 어떻게 권한을 행사할 수 있을까요?

우선 독점권부터 보겠습니다. 위임전결 규정으로 받은 팀장의 독점권은 특정 업무를 독점할 수 있는 권리입니다. 이 권리는 팀장에게 주어지므로 팀장은 해당 업무를 독점할 수 있습니다. 이러한 권리의 대부분은 돈, 사람, 시간에 관한 것입니다. 팀장은 돈, 사람, 시간을 전결하거나 상위 부서장의 승인을 받아 관리할 수 있는 권한이 있습니다. 팀에 주어진 돈, 사람, 시간을 사실상 팀장이 독점할 수 있다는 말입니다.

돈은 팀의 각종 경비입니다. 경비는 모두 위임전결 규정에 따라 팀장이 전결하거나 검토합니다. 사람에 관한 것도 마찬가지입니다. 팀원이 휴가를 가게 할 수도 있고 못 가게 할 수도 있습니다. 팀원을 승진시킬 수도 있고 안 시킬 수도 있습니다. 시간도 마찬가지입니다. 필요하다면 팀원의 출퇴근 시간을 조정할 수 있습니다. 업무별 시간을 마음대로 지정할 수도 있습니다. 회의 시간, 워크숍 일정 같은 것도 마음대로 바꿀 수 있습니다.

팀원도 독점권, 보고권, 정보권, 자원권을 가질 수 있습니다. 팀장이 이 권한을 팀원에게 분배하면 됩니다. 이것은 위임도 아니고 전결도 아닙니다. 권한을 맡기는 것이 아니라 나누는 것입니다.

예를 들어 팀에 가용한 교육비가 1,000만 원 있습니다. 분명히 교육에 대한 승인이나 비용 사용은 팀장, 혹은 상위 부서장이 결재해야 합니다. 하지만 팀원에게 분배된 교육비를 어디에 얼마나 사용할지는 팀원이 결정할 수 있습니다. 팀원에게 주어진 업무를 팀원이 어떤 순서로 할지는 팀원이 결정할 수 있습니다. 팀장은 그 결정을 존중해서 결재만 합니다. 그러면 자연스럽게 팀장의 권한이 팀원에게 넘어가는 것과 같은 효과를 냅니다.

이런 독점권을 팀원에게 분배할 때는 팀원 모두가 있는 자리에서 해야 합니다. 주간 팀 회의 같은 자리에서 팀장이 모든 팀원이 보는 앞에서 특정 팀원에게 특정 업무에 대해 독점권을 부여하는 겁니다. 예를 들면 다음과 같이 말하면 됩니다.

"이 업무는 박 대리가 전담해서 추진하세요. 다른 팀원 여러분들은 박 대리가 업무를 잘할 수 있도록 도와주세요. 박 대리는 더 필요한 것이 있으면 언제든 내게 얘기하세요. 팀의 가용한 자원이 있으면 박 대리 업무를 먼저 지원하겠습니다."

팀장이 모든 팀원이 보는 데서 이렇게 얘기하면 박 대리는 해당 업무에 독점권을 갖습니다. 여기서 더 나아가면 보고권도 확실히 줄 수 있습니다. 몇 마디만 더 하면 됩니다.

"박 대리는 그 업무를 하면서 언제든 내게 보고하세요. 필요하면 본부장이나 사장님께 직접 보고할 수 있는 자리도 마련하겠습니다. 다른 팀원들은 그 업무와 관련한 내용은 박 대리에게 우선 전달하세요. 내게 보고나 요청할 것이 있으면 박 대리를 통해서 하세요."

이제 박 대리는 보고권에 더불어 정보권도 갖게 되었습니다. 해당 업무와 관련한 또는 관련이 없는 정보까지도 가질 수 있습니다. 이렇게 함으로써 박 대리는 독점권, 보고권, 정보권을 가지고 해당 업무를 주도할 수 있습니다.

많은 팀장이 팀원의 동기 부여를 고민하다가 비즈니스 외적인 것에 관심을 가집니다. 팀원에게 필요한 말이 뭔지, 응원은 어떻게 할지, 소통은 어떻게 할지, 면담을 언제 할지, 성격은 어떤지, 생일 이나 결혼기념일은 언젠지… 이런 걸 공부하고 연구하고 알아내서 일 외적인 행사나 면담 같은 것으로 동기를 부여하려고 합니다. 하 지만 비즈니스는 비즈니스 자체로 동기 부여가 되어야 합니다. 비 즈니스에서 동기 부여가 안 되는데 비즈니스 외의 것으로 동기부 여를 한들 비즈니스가 제대로 될 리가 없습니다.

비즈니스에서 동기 부여는 위임전결과 권한 분배입니다. 주어 진 권한을 잘 활용하고 팀원에게 잘 분배하면 그걸로 동기 부여 가 됩니다. 팀원은 위임전결 규정에 따라 어떤 책임도 지지 않습 니다. 팀장이 대신 집니다. 팀원에게 권한이 분배되면 늘어는 것은 책임감이 아니라 주도력입니다. 맡은 업무를 주동적인 위치에서 이끌어 나갈 수 있는 힘이 늘어나는 겁니다. 팀장이 원한 것이 바 로 팀원의 주도력이지 않을까요?

보고서, 말이 되게 써라

# 46 문제를 균형 있게 보고했는지 확인하자

여러분이 최근 1년간 상사에게 공식으로 보고서를 써서 보고한 건을 모두 생각해 보십시오. 발생형 문제는 몇 건 보고했고, 탐색형 문제는 몇 건, 설정형 문제는 각각 몇 건씩 보고했나요? 예를 들어 발생형 문제를 9건, 탐색형 문제를 1건 보고했다면, 여러분의 상사는 여러분을 늘 사건사고만 보고하는 팀장이라 생각할 겁니다. 만약 발생형 문제는 없고 탐색형 문제 1건, 설정형 문제 9건을 보고했다면 상사는 여러분을 뜬구름 잡는 사람, 현장을 떠난 사람으로 볼 겁니다.

상사에게 보고할 때 우리는 개별 보고 건에 대해 신경을 씁니다. 하지만 보고가 모이고 모이면 어떤 특성이 나타나게 마련입니다. 1년 내내 발생형 문제만 보고하는 사고 직원이 되어서는 안 됩니다. 1년 내내 설정형 문제만 보고하는 뜬구름 직원이 되어서도 안 됩니다. 상반기에 발생형 문제를 주로 보고했다면 하반기에는 탐색형 문제와 설정형 문제 보고에 주력해야 합니다. 문제의 종류를 고려해서 보고의 비중을 적절히 맞춰야 합니다.

현장에 가까운 직원이라면 발생형 문제 5, 탐색형 문제 3, 설정형 문제 2 정도가 좋습니다. 본사 직원이라면 발생형 문제 2, 탐색형 문제 5, 설정형 문제 3 정도가 좋습니다. 물론 비율이 딱 정해져 있는 것은 아닙니다. 중요한 것은 균형과 전략입니다. 평소에 어느 정도 균형을 맞춰서 보고해야 합니다. 그리고 최근에 특정 종류의 문제를 자주 보고했다면 잠시 멈추고 다른 종류의 문제를 먼저 보고하는 전략을 써야 합니다.

팀장이라면 팀원을 코칭할 때도 사용할 수 있습니다. 팀원의 보고서를 문제의 종류로 나눠서 간단히 통계를 냅니다. 팀원별로 특성이 나타날 겁니다. 현장에 강한 팀원이라면 발생형 문제를 비중 있게 보고했을 겁니다. 기획에 강한 팀원이라면 설정형 문제를 비중 있게 보고했을 겁니다. 그것이 여러분이 원하는 것이고 팀원의 강점이기도 하다면 좋은 결과입니다. 그렇지 않다면 적절히 코칭하면 됩니다. 기획력을 좀더 키워야 하는 팀원이 있다면 설정형 문제를 몇 개 던져주면 됩니다. 현장 감각을 좀더 키워야 하는 팀원에게는 발생형 문제를 몇 개 던져주면 됩니다.

직급이 낮으면 설정형 문제보다는 탐색형 문제에, 탐색형 문제보다는 발생형 문제에 관심을 둡니다. 직급이 높으면 발생형 문제보다는 탐색형 문제에, 탐색형 문제보다는 설정형 문제에 더 관심을 줍니다. 그래서 오너 회장과 임원 사이에도 관심을 두는 문제가 다를 수 있다는 겁니다.

오너 회장은 설정형 문제에 가장 관심을 둡니다. 오너 회장은 기본적으로 회사를 장기 투자처로 간주합니다. 당장의 실적도 중요하지만 지속 가능하고 새로운 기회를 창출하는 미래를 원합니다. 반면 임원은 설정형 문제에 관심 있는 척하면서 탐색형 문제에 관심을 둡니다. 설정형 문제는 투입 시간도 많고 결과가 어떻게 나올지 불분명합니다. 하지만 탐색형 문제는 짧은 시간에 바로 결과가 나옵니다. 하면 하는 만큼 결과가 보입니다. 그래서 임원은 탐색형 문제로 당장의 작은 개선을 만들어내는 데에 집중합니다.

오너 회장이든 임원이든 발생형 문제는 원하지 않습니다. 발생형 문제를 자꾸 보고받으면 짜증을 내기도 합니다. 사건 사고를 좋아할 사람은 당연히 없습니다. 자꾸 그런 보고를 받으면 어느 순간부터 그런 보고를 받기가 싫습니다. 발생형 문제가 제대로 보고되지 않게 됩니다. 현장에서는 아우성입니다. 당장 설비를 점검해야 하는데, 인원을 확충해야 하는데, 공정을 변경해야 하는데, 위에서는 관심이 없는 듯합니다. 큰 사고가 나야 오너 회장과 임원이 발 벗고 나섭니다. 하지만 그것도 그때 잠깐입니다.

직급 낮은 사람은 발생형 문제를 넘어 탐색형 문제와 설정형 문제에 관심을 두면 좋습니다. 반대로 직급 높은 사람도 설정형 문제를 넘어 탐색형 문제와 발생형 문제에 관심을 둬야 합니다. 중요한 것은 균형과 전략입니다. 어느 정도 균형을 맞춰서 관심을 두어야 합니다. 최근에 특정 종류의 문제를 자주 보고 받았다면 잠시 보고 받기를 멈추고 다른 종류의 문제를 보고하라고 지시하면 됩니다.

# 47 파일 버전을 제대로 쓰게 하자

요즘은 거의 모든 문서를 컴퓨터로 작성합니다. 문서를 파일로 저장할 때 파일명에 버전이나 날짜를 쓰곤 합니다. 그런데 어떤 의미인지 모르는 분이 많습니다. 버전 대신 최종.pptx, 최최종.hwp, final_final_final_real_final.xlsx로 쓰는 진풍경도 벌어집니다.

파일 버전은 원래 v0.1, v0.2, v1.0, v1.2, v2.0과 같은 식으로 써야 합니다. 물론 v0.11, v0.2.1 등으로 쓸 수 있습니다. 분량이 수백 장 되는 보고서나 소프트웨어에서는 이런 식으로 버전을 확장하기도 합니다. 하지만 일반적인 보고서 파일은 0.1부터 시작합니다. 어떤 분들은 v0.1을 초안이라고 하지만 0.1은 초안이 아니라 작성 시작을 의미합니다. 파일을 만들어서 처음 저장할 때 버전이

0.1이 됩니다.

보고서를 계속 작성하다가 파일이 날아갈 수도 있고 새로 추가하거나 삭제한 것이 있어서 파일을 다른 이름으로 저장해야 합니다. 이때 버전은 0.2가 됩니다. 0.2는 계속 작성 중이란 뜻입니다. 이런 식으로 수수점 이하 숫자를 하나씩 올립니다.

그러면 1.0은 무슨 뜻일까요? 1.0이 바로 초안 또는 최초 보고입니다. 상사나 고객에게 처음 보고할 때 파일의 버전을 1.0으로 저장하는 겁니다. 그러면 누구나 1.0이라는 버전을 보고 최초 보고라는 것을 알 수 있습니다.

우리가 1.0을 상사에게 보고하면 바로 통과되는 경우도 있지만 일반적으로 상사가 반려합니다. 그러면 우리가 보고서를 수정하거나 보완합니다. 이때 1.0 버전을 그대로 쓰면 안 되므로 1.1로 버전을 올립니다. 1.1, 1.2, 1.3 등은 최초 보고 후 수정 보완을 의미합니다. 수정이나 보완을 끝내고 다시 보고, 즉 두 번째로 보고할 때는 버전이 2.0이 되어야 합니다. 세 번째 보고할 때는 3.0이 되어야 합니다. 이것이 보고서 버전 체계입니다.

- v0.1: 작성 시작
- v0.2: 계속 작성
- v1.0: 최초 보고(초안)
- v1.1: 수정/보완

보고서, 말이 되게 써라

- v2.0: 두 번째 보고
- v3.0: 세 번째 보고

이런 버전 체계를 잘 활용하면 파일명의 버전만 봐도 이 보고서가 반려를 몇 번 당했는지, 몇 번 보고했는지 알 수 있습니다. 여러 보고서의 버전을 엑셀에 기록해서 분석하면 보고서를 잘 쓰는지 못 쓰는지 경향이나 추세도 알 수 있습니다.

예를 들어 엑셀에 보고서 제목을 쓰고 최종 보고일을 적습니다. 만약 최초 보고에서 승인이 났다면 버전은 1.0이고 그 날이 최종 보고일이 됩니다. 만약 두 번 반려가 되었다면 세 번째 보고한 날이 최종 보고일이 될 것이고 최종 버전은 3.0이 될 겁니다. 이런 식으로 엑셀에 기록하는 겁니다.

이제 엑셀에 기록한 내용을 차트로 바꿉니다. 최종 보고일과 최종 버전으로 분산 차트를 그립니다. 최종 보고일이 바뀔 때마다 최종 버전이 어떻게 되는지 보고자 하는 겁니다. 시간이 지날수록 보고서를 잘 쓰는지 못 쓰는지를 알고자 하는 겁니다. 이제 여기에서 추세선을 그어 봅니다. 추세선은 얼마든지 차트 요소에서 선택할 수 있습니다. 보통 선형 추세선이 그어집니다.

이제 우리는 추세선 만으로 여러 가지를 알 수 있습니다. 예를 들어 시간이 갈수록 버전이 올라가는 추세를 보인다면 우리는 다음과 같은 사실을 알 수 있을 겁니다.

> - 시간이 갈수록 보고서 반려가 늘었다.
> - 시간이 갈수록 보고서를 못 쓴다.

여기서 좀더 나아가보겠습니다. 만약 본인이 보고서를 잘 쓰고 있다면 어떻게 해석해야 할까요? 아마 다음과 같이 볼 수도 있지 않을까요?

> - 시간이 갈수록 어려운 보고서를 쓴다.
> - 시간이 갈수록 상사가 까탈스럽게 군다.

만약 시간이 갈수록 추세선이 내려가고 있다면 이렇게도 해석할 수 있습니다.

> - 시간일 갈수록 보고서 반려가 줄었다.
> - 시간이 갈수록 보고서를 잘 쓴다.
> - 시간이 갈수록 쉬운 보고서를 쓴다.
> - 시간이 갈수록 상사가 대충 검토한다.

쉬운 보고서와 어려운 보고서에 대해서도 알아보겠습니다. 쉬운 보고서를 쓰다 보니 보고서 버전이 시간을 갈수록 내려갈 수 있습니다. 반대로, 어려운 보고서를 쓰다 보니 시간이 갈수록 보고서 버전이 올라갈 수 있습니다. 만약 그렇다면 버전과 난이도를 비교해 보면 됩니다.

엑셀에서 보고서 최종 버전을 기록할 때 난이도도 같이 기록해 보는 겁니다. 난이도는 10점 만점을 기준으로 해서 어려우면 10점, 쉬우면 1점을 줄 수 있습니다. 이때 혼자 결정하지 말고 상사와 같이 결정하면 좋습니다. 상사가 5점을 얘기하고 내가 7점을 얘기하면 평균 6점을 주면 됩니다.

최종 버전과 난이도의 상관계수를 CORREL 함수 등을 사용해서 구합니다. 만약 상관계수가 0.7이상이면 어려운 보고일수록 버전이 높아진다는 것을 증명할 수 있습니다. 상관계수가 0.3보다 적고 0에 가깝다면 어렵든 쉽든 버전이 들쭉날쭉 한다는 것입니다.

파일 버전은 사소해 보이지만 매우 중요한 메타 데이터입니다. 부서원이 아무렇게나 파일 버전을 쓰는 순간 보고 체계는 무너집니다. 게임 젠가를 보면 결국 아무것도 아닌 조각 하나가 전체를 무너뜨립니다. 지금부터라도 부서의 파일 버전 체계를 만들고 부서원이 지키도록 해야 합니다.

# 48

## 다른 팀에 제대로
## 요청하게 하자

협업을 하다 보면 다른 팀에 자료를 요청할 때가 많습니다. 이때 우리 팀과 상대팀의 팀장을 참조에 넣어야 할지 말지 고민입니다. 어떤 팀장은 다른 팀에 보내는 자료 요청 메일은 팀 공식 메일이니 팀장이 참조에 들어 있어야 한답니다. 어떤 팀장은 자료 요청 정도는 팀원들끼리 알아서 하면 되지 굳이 팀장을 매번 소환할 일 있느냐고 짜증낸답니다. 여러분은 어떤 쪽입니까?

다른 팀에 자료를 요청하고 요청받는 일은 꽤 많습니다. 이때 부서간 협조가 필요한데 현실적으로 협조가 쉽지 않습니다. 내 일 하기도 바쁘고 벅찬데 남의 팀 뒷바라지도 아니고 매번 내 시간 내 수고 들여서 자료 찾아 주기가 여간 귀찮은 일이 아닙니다. 특히 자료를 요청하는 사람이 보이는 태도가 마음에 안 들면 일부러라도 자료를 늦게 주거나 못 준다고 합니다. 결국 팀장이 나서서 해결할 수밖에 없습니다. 어떻게 해야 할까요?

첫째, 그 일이 어느 팀 일인지 알아야 합니다. 자료 요청을 받은 사람이 단순히 자기 PC에 있는 파일 하나를 메일에 첨부하여 전달하면 끝인 경우는 일이라고 보기는 어렵습니다. 자료를 요청하면서 엑셀 템플릿을 같이 보내고는 템플릿에 내용을 채워서 보내 달라고 하면 얘기가 달라집니다. 이때부터는 일이 됩니다.

일은 항상 주체가 있어야 합니다. 누구 일이냐가 중요합니다. 자료를 요청하는 사람의 일인지, 자료를 제공하는 사람의 일인지부터 분간을 해야 합니다. 자료를 요청하는 사람이 해야 할 일인데 다른 팀의 사람에게 요청하면 자기가 해야 할 일을 남에게 떠넘긴다고 생각할 수밖에 없습니다. 자료를 요청할 때부터 우리 팀의 일이 어디까지이고 상대 팀의 일이 어디까지인지 명확히 선을 그어야 합니다.

기본적으로 상대 팀에 있는 자료를 그냥 받기만 하는 요청을 메일로 쓸 때는 팀장을 참조에 넣지 않아도 됩니다. 하지만 상대 팀에서 자료를 찾는 데 수고가 들거나 가공이나 정리를 해야 한다면 그 일은 자료 요청하는 팀이 맡아야 합니다. 만약 자료를 요청하는 팀이 그 일을 못한다면 자료를 가진 팀이 그 일을 해야 하는 사내 근거나 규정을 만들어야 합니다. 규정을 만드는 것은 쉽지 않지만 근거는 쉽게 만들 수 있습니다. 두 팀장이 상위 부서장과 함께 하는 회의에서 정하면 됩니다.

둘째, 요청 시간과 시한에 규칙이 있어야 합니다. 퇴근할 시간이 되었는데 다짜고짜 자료 요청을 하면 좋아할 사람은 없습니다. 출근하자마자 요청 메일을 받는 것도 썩 좋은 건 아닙니다. 처리 시한을 급하게 잡는 것도 마찬가지입니다. 요청 시간과 시한은 모두 상대에게 맞춰서 정해야 합니다.

하지만 일이란 것이 딱딱 순서대로 되지는 않습니다. 하다 보면 급하게 자료를 요청해야 할 때도 있습니다. 하필 퇴근시간 직전이 될 수도 있고, 야근을 좀 해서라도 자료를 받아야 할 때도 많습니다. 상대 팀원 입장에서 보면 자기 팀 일도 아닌데 퇴근을 미루거나 야근까지 해야 할 상황이면 기분이 좋을 리가 없습니다. 요청자가 요청 메일만 떡 하니 보내고 자기는 퇴근해 버리면 최악입니다.

이때는 팀장이 나서야 합니다. 우선 상대 팀장에게 양해를 구해야 합니다. 상대 팀장이 직접 야근할 본인 팀원에게 지시하도록 해야 합니다. 동시에 우리 팀 담당자도 야근을 시켜야 합니다. 즉, 상대 팀 팀원이 자료를 모두 제공할 때까지 우리 팀 자료 요청자도 같이 야근해야 합니다.

강의하다 보면 급한 자료 요청 메일을 어떻게 써야 하는지 주니어 사원이 물어보곤 합니다. 어디서 들었는지 ARCS란 방법을 사용한다고 합니다. 요청 업무에 대한 관심과 호기심을 불러 일으키고Attention, 요청하는 업무의 적임자가 그 사람임을 알려주고 Relevance, 요청 업무에 대해 지원해 줄 수 있는 사항을 얘기하고 Confidence, 일을 마쳤을 때 얻을 수 있는 성과를 강조하라입니다 Satisfaction.

무척 좋아 보이는 방법입니다. 하지만 과연 통할까요? 내가 퇴근하려는데 다른 팀의 일개 팀원 하나가 메일로 나의 관심과 호기심을 불러 일으키고, 내가 그 일의 적임자고, 야근하면서 그 일을 하면 뭐가 좋고, 내가 성취감을 가진다? 도대체 그게 가능한 일일까요? 더 놀라운 것은 팀원이 그렇게 글을 잘 쓸 수 있을까요?

상대 팀원의 동기 부여나 마인드나 태도 등은 그 팀의 팀장이 해결할 일입니다. 옆 팀 사람이 어쩌구 저쩌구 할 일도 아니고 어쩌구 저쩌구 한다고 동기가 부여되고 마인드가 바뀌고 하는 일도 없습니다. 반대로 생각해서 다른 팀 때문에 우리 팀원이 동기 부여되고 마인드도 개선되고 태도도 밝아지면 그동안 팀장이 문제였다는 것을 증명하는 것밖에는 안 됩니다. 팀원에게 요청 메일 잘 쓰라고 하기 보다는 팀장이 나서서 상대 팀장에게 직접 부탁하는 것이 최선입니다.

셋째, Give and Take 원칙을 지켜야 합니다. 자료 요청을 받은 팀은 그 일을 적극적으로 빨리 해줄 수도 있고 소극적으로 천천히 해줄 수도 있습니다. 근거나 규정이 완비되었다 하더라도 자료 요청이 자료 지시가 될 수는 없습니다. 당연히 협조 요청의 원칙을 따라야 합니다. Give and Take입니다.

팀간 협조나 협업의 원칙은 서로 적당히 주고받는 관계를 유지하는 겁니다. 어느 한쪽이 다른 쪽에 일방적으로 주기만 해서도 안 되고 받기만 해서도 안 됩니다. 그렇다고 서로 자료를 요청하라는 의미는 아닙니다. 한쪽이 자료를 계속 요청할 수도 있습니다. 예를 들어 본사는 현장에 늘 자료를 요청합니다. 막상 현장에서는 본사에 요청할 자료가 거의 없습니다.

반대급부로 제공할 자료가 없다면 다른 것을 제공해야 합니다. 감사 인사나 밥 한 끼, 고맙다는 쪽지와 커피 한잔, 상위 부서장에게 보고할 때 그 팀이 도와준 것을 피력하는 것, 자료를 어디에 사용해서 어떤 결과가 나왔다는 등의 산출물 같은 것을 주면 됩니다.

중요한 것은 이것을 누가 줄 것이냐 하는 겁니다. 자료를 요청한 사람이 줘야 한다고 생각하면 오산입니다. 자료를 요청한 사람은 팀의 업무를 대리한 것뿐입니다. 팀의 업무는 원래 팀장의 것입니다. 따라서 팀장이 직접 해야 합니다. 자료를 전달받은 메일에 전체 답장을 하면서 이렇게 쓰면 됩니다.

"자료 요청에 적극 도와주셔서 박 팀장님과 최 대리님에게 감사드립니다. 잘 정리해 주신 자료를 바탕으로 본부장님께 잘 보고했습니다. 본부장님께 박 팀장님 쪽에서 잘 지원받았다고 말씀드렸습니다. 저희가 만든 보고서에 박 팀장님 쪽에서도 도움이 될 만한 장표가 몇 개 있어서 첨부합니다. 저희 쪽에도 필요한 것이 있으면 언제든 얘기해 주세요. 적극적으로 도와드리겠습니다. 다시 한번 도움에 감사드립니다."

선물이나 밥 한끼, 술 한잔은 사야 할 정도로 자료 요청을 많이 했을 때가 있습니다. 이때 많은 팀장이 실수하는 것이 다른 팀 담당자만 부르는 겁니다. 이건 그다지 전략적이지 않습니다. 왜냐하면 그 팀의 그 담당자에게만 앞으로 자료를 요청할 건 아니기 때문입니다. 그 팀 담당자가 우리 팀의 자료 요청에 대응하느라 결과적으로 그 팀의 업무에 신경을 덜 썼을 것이고, 결국 그 팀의 다른 팀원이 그 영향을 메꿨을 겁니다.

그 팀의 팀원 전원에게 선물을 하는 것이 좋습니다. 담당자 한 명에게 밥이나 술을 하느라 5만 원을 쓰는 것보다, 그 팀 팀원 10명 전원에게 커피 5천 원씩 쓰는 것이 훨씬 낫다는 겁니다. 그 담당자가 잘 도와줘서 고마운 마음에 드리는 것이라 알려주면 이후에 다른 사람들도 우리 팀의 요청에 딱히 불만을 토로하진 않을 겁니다.

다른 팀에 자료를 요청하는 일은 단순히 자료 요청이 아닙니다. 회사 차원에서 보면 팀과 팀의 협업입니다. 협업을 얼마나 잘하느냐는 회사 관점에서 보면 굉장히 중요합니다. 자료 요청 몇 번 하다 티격태격 거리면 결국 팀장 잘못입니다. 팀원에게 자료 요청을 맡겨만 두지 말고 적극 개입해서 협업에 신경 쓰고 있다는 것을 보여줘야합니다.

# 49 우선순위를 정확히 알려주자

부서장이 부서의 과제 우선순위를 정해야 할 때가 많습니다. 이 때 흔히 범하는 실수가 중요도와 시급성을 가지고 과제 우선순위를 정하는 겁니다. 우선순위를 결정하는 기준에는 중요도와 시급성 말고도 많습니다. 난이도도 있고 가능성도 있고 내부 역량이나 관심, 성과의 크기나 영향력도 있습니다.

직급이 높으면 중요도나 시급성보다는 대주주의 관심이나 성과의 크기, 영향력 발휘 같은 것으로 우선 과제를 선정합니다. 직급이 낮으면 난이도가 가장 큰 기준이 됩니다. 무턱대고 중요도와 시급성을 갖고 우선순위를 정해서는 안 됩니다. 중요하지 않고 시급하지 않아도 대주주가 관심을 많이 둔다면 그 과제를 먼저 해야 합니다. 중요하고 시급하지만 성과가 돋보이지 않는다면 우선순위에서 밀릴 수 있습니다. 업무 우선순위와 과제 우선순위는 선정 기준이 다르다는 것을 꼭 알고 정해야 합니다.

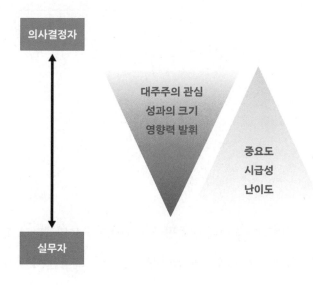

# 50 목표는 예상, 의지, 결과로 검토하자

팀원이 이벤트를 진행해서 쇼핑몰 방문자수를 늘리겠다고 합니다. 목표 방문자수는 하루 320명이라고 합니다. 그러면 이 목표가 적절한지 검토해야 합니다. 보통 이렇게 검토합니다.

- "하루 320명을 목표로 한다는 말이죠. 가능할까요?"
- "하루 320명은 좀 적지 않나요? 400명으로 늘려보세요."
- "하루 320명, 확실한 거죠? 해내야 합니다!"

목표를 검토할 때는 이런 식으로 해서는 안 됩니다. 목표는 수

치이고 수치는 데이터이므로 철저히 논리적인 데이터 분석 관점에서 검토해야 합니다. 데이터에서 논리적이란 말은 전제와 결론, 근거와 주장, 생각과 행위, 의도와 행위, 상황과 행위, 수단과 목적, 이론과 현실 등의 관계를 이치에 맞게 제시한다는 말입니다. 앞서 목표나 질문은 모두 전제가 없고 결론도 결과만 있기 때문에 논리적이지 않습니다. 전제와 원인을 포함해서 설명하면 다음과 같습니다.

> ( 전제 ) 방문자 커피 쿠폰 제공 이벤트를 진행하면 접속자를 늘릴 수 있음.
>
> ( 결론 ) 방문자 커피 쿠폰 제공 이벤트를 진행해서 1월 3일에 접속자가 100명 늘었음.

이것은 전제와 결론이지만, 동시에 근거와 주장이기도 합니다.

> ( 근거 ) 이벤트를 진행하면 접속자가 증가하는 사례가 많음.
>
> ( 주장 ) 방문자 커피 쿠폰 제공 이벤트를 진행해서 1월 3일에 접속자를 100명 늘리겠음.

또한 생각과 행위라고도 말할 수 있습니다.

| 생각 | 이벤트를 진행하면 접속자가 증가한다. |
| 행위 | 방문자 커피 쿠폰 제공 이벤트를 진행하니 1월 3일에 접속자가 100명 늘었음. |

전제나 근거, 생각은 곧 정량 데이터로 나타나야 합니다. 이벤트를 진행하면 접속자를 늘릴 수 있다는 전제, 근거, 생각을 다음과 같이 정량 데이터로 나타낼 수 있습니다.

- 이벤트를 진행하면 접속자가 100명 늘어남.
- 이벤트를 진행하면 이벤트당 접속자가 100명 늘어남.
- 이벤트를 진행하면 일자당 접속자가 100명 늘어남.
- 이벤트를 진행하면 비용 100만 원당 접속자가 100명 늘어남.

전제, 근거, 생각을 정량 데이터로 나타낸 것이 바로 **예상치**입니다. 비즈니스는 기본적으로 얼마를 투자했을 때 얼마를 벌어들이는지 예상합니다. 예상하지 않고 투자할 수는 없습니다. 따라서 예상치와 결과치가 얼마나 가까운지 봐야 합니다.

여기에 더해 의지치도 있습니다. **의지치**는 의지를 보였을 때 다

다룰 수 있는 숫자입니다. 의지는 여러 가지가 될 수 있습니다. 무모한 도전일수도 있고 숨겨놓은 매출일수도 있고 어차피 목표로 부여받을 것을 선제적으로 내놓은 숫자일 수도 있습니다. 그런데 의지치 역시 전제, 근거, 생각으로 표현해야 합니다. 예를 들면 다음과 같이 나타낼 수 있습니다.

> 이벤트를 진행하면 비용 100만 원당 접속자가 100명 늘어날 것으로 예상하지만 이벤트 상품을 잘 구성하고 배너 디자인을 최신 유행에 맞춰 제작해서 50명을 추가로 확보하겠음.

이런 의지를 상위 부서장이 그대로 목표로 잡을 수도 있지만 일반적으로는 의지를 의심하기도 하고, 의지를 더 북돋을 때도 있습니다. 따라서 의지치와 목표치가 항상 같지는 않습니다. 물론 예상치를 목표치로 잡는 경우도 거의 없습니다.

영업 사원이 매출액 예상을 1억 원을 했고 의지를 보여 1.2억 원을 하겠다고 해서 목표를 1억이나 1.2억으로 주진 않습니다. 1.1억 원으로 중간 값을 택하거나, 1.3억 원으로 올려서 목표를 잡습니다. 따라서 예상치, 의지치, 목표치, 결과치를 모두 봐야 합니다. 이것이 비즈니스에서 가장 기본적인 정량 데이터 분석 방법입니다.

이벤트 총 비용으로 100만 원을 투입했다고 해보겠습니다. 이때 예상 방문자 수를 100명으로 잡았습니다. 이 숫자는 여러 전제나 근거, 생각이나 상황, 이론이나 사례 같은 것을 보고 정할 겁니다. 여기에 의지를 50명 더해서 150명으로 잡았고, 목표 방문자 수는 의지치에서 10%를 추가해서 165명으로 잡았습니다. 실제 방문자 수는 140명이 되었습니다. 이제 분석의 대상이 보다 분명해졌습니다.

| 구분 | 방문자 수 |
|---|---|
| 예상 방문자 수 | 100 |
| 의지 방문자 수 | 150 |
| 목표 방문자 수 | 165 |
| 실제 방문자 수 | 140 |

목표를 검토할 때는 목표치만 봐서는 안 됩니다. 예상치, 의지치, 목표치, 실제치를 같이 보면서 하나씩 짚어야 합니다. 수율을 검토할 때도 예상 수율, 의지 수율, 목표 수율, 실제 수율의 차이를 확인하며 논의해야 합니다. 안전 사고 절감 목표도 예상 절감율, 의지 절감율, 목표 절감율, 실제 절감율의 차이를 보면서 검토해야 합니다.

모든 조직은 매년 다음 해를 예상합니다. 트렌드를 보고 경기를 보고 경쟁사를 보고 내부 상황을 봅니다. 외부 환경을 분석하고 내부 경영도 분석합니다. 그 결과가 **예상치**입니다. 이 예상치에서 현장의 감과 노하우와 미리 확보한 건을 모아서 의지치를 올립니다. 거기서 얼마를 올리거나 낮춰서 목표치를 잡습니다. 내년에 매출은 얼마, 이익은 얼마, 채용은 몇 명, 시장 진출은 언제 등...

예상치, 의지치, 목표치가 없는 상태에서 나온 실제치는 아무런 의미가 없습니다. 결과 검토도 마찬가지입니다. 팀원이 다음과 같이 보고하면 화를 내야 합니다.

- "접속자는 1월 3일에 가장 많았음."
- "방문자 커피 쿠폰 제공 이벤트를 진행해서 1월 3일에 접속자가 100명 늘었음."

팀원에게 목표를 보고하는 방법을 알려줘야 합니다. 예상치, 의지치, 목표치, 결과치로 보고하게 하면 됩니다.

예상치 ) 이벤트 경품으로 100만 원을 투입하면 방문자가 100명 증가할 것으로 예상했으며,

의지치 ) 홍보 메일 발송량을 늘려 150명까지 접속하게 하려 했으며,

목표치 ) 목표는 다소 높은 165명으로 했으나

결과치 ) 홍보 메일 개봉률이 낮아 실제 방문자 수는 140명으로 최종 집계되었습니다.

처음부터 탬플릿을 이렇게 만드는 것도 좋습니다. 목표를 적는 보고서에 다음과 같이 표를 그려서 그대로 적게 하면 됩니다.

| 구분 | 기간 내 접속자 수(명) | 비고 |
|---|---|---|
| 예상치 | | |
| 의지치 | | |
| 목표치 | | |
| 결과치 | | |

# 51 주장이 타당한지
검토하자

중간 관리자가 부서원의 보고서를 검토할 때 많이 하는 실수가
있습니다. 바로 보고서의 내용만 검토하는 겁니다. 이렇게 들으면
뭔가 이상합니다. 중간 관리자가 당연히 보고서 내용을 검토하는
사람이 아닌가요? 아닙니다. 중간 관리자는 보고서 내용을 검토하
는 사람이 아니라 상사의 질문에 대한 답을 검토하는 사람입니다.

여러분이 중간 관리자라고 생각하고 의사결정자에게 어떤 기획
을 보고하기 위해 회의시간을 잡는다고 해보겠습니다. 보통 1시간
정도 잡을 겁니다. 그러면 기획 내용을 설명하는 시간은 1시간 회
의시간 중에 얼마나 될까요? 10분? 20분? 30분? 짧으면 10분 길
어도 30분입니다.

그런데 기획 내용을 설명 들은 의사결정자가 그때 바로 의사 결정하나요? 전혀 그렇지 않습니다. 의사결정자의 의사 결정은 남은 회의 시간 동안 질문하고 듣고 논의한 것으로 합니다. 의사결정자가 기획 내용으로 의사 결정하는 것이 아니라 질문한 내용에 얼마나 좋은 대답을 들었는지로 의사 결정한다는 말입니다.

의사결정자는 왜 질문을 할까요? 왜 기획 내용만 보고 판단하지 않을까요? 그 이유는 간단합니다. 의사결정자에겐 선택할 것이 여러 개 있기 때문입니다. 예를 들어 여러분이 영업1팀장이라고 해보겠습니다. 그러면 영업본부장에게 기획서를 설명하고 어떤 영업을 할 테니 사람, 돈, 시간을 달라고 할 겁니다. 그러면 영업본부장은 어떻게 의사 결정을 할까요?

영업본부장은 여러분뿐만 아니라 다른 팀, 예를 들어 영업2팀장, 영업3팀장, 영업기획팀장 등에게서도 기획서를 받습니다. 본부장이 가진 돈, 사람, 시간은 한정되어 있는데 달라는 팀은 많습니다. 본부장도 뭔가 하려면 위에 얘기해야 합니다. 이때 본부장은 결국 투자자의 입장이 됩니다. 즉, 누군가가 기획서를 올린다면 그 기획에 돈, 사람, 시간을 투자하는 투자 심의자의 역할을 한다는 말입니다.

많은 사람이 아이디어가 좋으면 회사가 당연히 투자할 것이라 오해합니다. 정말 그럴까요? 예를 들어 지금 가장 좋은 아이디어는 생성AI나 자율주행 전기차입니다. 지금 생성AI나 자율주행 전기차를 만들면 무조건 팔립니다. 이만한 사업 아이디어로는 반도체도 있습니다. 반도체도 만들면 잘 팔립니다. 그러면 생성AI와 자율주행 전기차와 반도체 같은 아이디어를 올리면 상사가 좋다고 찬성할까요? 우리 회사가 삼성이나 애플도 아닌데요.

무언가 기획해서 상사에게 돈, 사람, 시간을 얻으려면 의사결정자와 주요 이해관계자를 모두 합쳐 투자심의위원회로 봐야 합니다. 투자심의위원회는 기획서를 꼼꼼하게 보는 사람들이 아닙니다. 그들이 보고자에게 원하는 대답은 아이디어가 아니라 왜 우리 회사가 해야 하느냐, 왜 하필 지금 해야 하느냐, 다른 회사는 왜 안 하느냐, 우리가 안 하면 어떻게 되느냐, 우리가 할 수 있느냐, 누가 할 것이냐 같은 겁니다. 다음 6가지 질문에 보고자가 대답을 제대로 해야 투자심의위원회가 투자를 결정하는 겁니다.

1. "왜 우리 회사가 해야 하는가?
2. "왜 하필 지금 해야 하는가?"
3. "다른 회사는 왜 안 하는가?"
4. "우리가 안 하면 어떻게 되는가?"
5. "우리가 할 수 있는가?"
6. "누가 맡아서 해야 하는가?"

이 여섯 가지 질문에 대해 하나씩 살펴보겠습니다.

# 52

## 주장이 타당한지 묻는 질문 6가지

첫째, "왜 우리가 해야 하는가Why we?"입니다. 이 질문은 정체성 Identity과 DNA에 관한 질문입니다. 정체성과 DNA는 기업의 변하지 않는 성질입니다.

예를 들어 반도체 회사가 갑자기 은행 사업을 할 수 없습니다. 반도체 제조 회사가 갑자기 은행 서비스를 한다는 것은 회사의 정체성과 DNA를 바꾸는 일입니다. B2B 기업이 갑자기 B2C 사업을 하겠다는 것도 매우 어려운 일입니다. OEM 기업이 갑자기 브랜드를 런칭하겠다는 것도 사실상 거의 불가능한 일입니다.

어떤 기획이든 회사가 할 수 있는 것을 제안해야 합니다. 항상

보고서, 말이 되게 써라

상사와 회사는 할 수 있는 범위가 제한되어 있습니다. 그 범위를 벗어나는 일은 기획이 아니라 비즈니스 전략이나 모델을 변경하는 혁신 전략에서부터 시작해야 합니다.

물론 전혀 불가능한 일은 아닙니다. 새로운 회사를 세워서 그 회사가 그 사업을 하게 하면 됩니다. 회사는 지주 체계로 만들고 기존 사업은 물적 또는 인적 분할을 해서 계열사로 만들면 됩니다. 하지만 이것은 회사를 나누는 것입니다. 한 회사에서 이처럼 성질이 다른 사업을 벌이는 것은 결코 쉽지 않습니다. 사내 벤처든, TF든, 어떤 형식으로든 기존 사업과 분할할 수밖에 없습니다. 안 그러면 그 기업의 정체성에 혼란이 오기 때문입니다.

소비자의 기업 인식도 고려해야 합니다. 소비자는 특정 기업을 특정 제품이나 서비스 또는 브랜드나 상징으로 일정한 범위를 정해 인식합니다. 예를 들어 삼성전자는 가전, 반도체, 스마트폰으로, 현대자동차는 자동차 제조로, SKT는 무선통신기업으로 규정합니다. 그런데 갑자기 삼성전자가 자동차를 제조한다고 하면 뭔가 뜨악한 기분이 듭니다. 낯설고 서먹하고 꺼림칙합니다. 현대자동차가 식품을 배달한다고 하는 것도 마찬가지입니다. SKT가 은행을 한다는 것도 마찬가지입니다. 소비자의 기업 인식을 바꾸는 일은 정말 엄청난 노력이 필요하고, 실패 확률도 굉장히 높습니다.

"왜 우리가 해야 하는가?"라는 질문에 답하기 어렵다면 다른 식으로 질문을 유도하면 됩니다. 예를 들면 "이 사업은 사내 벤처로 만들어 추후 독립해야 합니다."라고 설명을 하면 회사는 바로 "왜 우리가 사내 벤처로 만들어야 합니까?"라고 질문할 수밖에 없습니다. 그때 회사의 정체성을 얘기하면서 이 사업은 새로운 기업의 정체성을 필요로 한다고 설명하면 됩니다.

보통 기획은 회사까지 올라가지 않고 직속 상사에 의해 결정되곤 합니다. 예를 들어 전시회에 신제품을 출시하는 일 같은 것은 굳이 CEO의 결정사항이진 않습니다. 그렇다면 회사의 정체성과 DNA가 아니라 직속 상사의 정체성과 DNA에 해당하는지 판단해야 합니다.

상사도 나름의 정체성과 DNA가 있습니다. 특히 상사가 부서장일 때 해당 부서는 할 수 있는 일과 할 수 없는 일이 정해져 있습니다. 그 범위 안의 일은 상사가 결정할 수 있지만 범위 밖의 일은 상사가 혼자 결정할 수 없습니다. 다른 부서 협조도 필요하고 자기 상사에게 돈, 사람, 시간을 더 달라고 해야 할 수도 있습니다.

이때는 명분이 필요합니다. 상사에게 그 일을 할 수 있는 명분을 줘야 합니다. 상사도 명분을 들고 자기 상사에게 가야 합니다. 상사의 범위를 벗어나는 일은 명분을 마련하지 않고는 절대 이뤄질 수 없습니다. 그러니 무엇을 기획하든 일단 왜 이걸 상사나 회사가 해야 하는지 검토해야 합니다.

둘째, "왜 하필 지금 해야 하는가Why now?"입니다. 다음 달이나 다음 분기나 다음 해나 몇 년 후에 해도 된다면 왜 굳이 지금 해야 하느냐는 질문입니다. 흔히 하는 말로 비즈니스 타이밍Timing입니다.

2015년에 TED에서 빌 그로스 아이디어랩 CEO가 스타트업을 성공으로 이끄는 다섯 가지 요인을 발표했습니다. 아이디어, 팀, 비즈니스 모델, 자금 조달, 그리고 타이밍입니다. 빌 그로스는 처음에 이 다섯 가지 중에서 가장 성공에 영향을 끼치는 것은 아이디어라고 생각했었습니다. 그런데 200여 스타트업을 분석한 결과 가장 큰 성공요인은 타이밍이라는 것을 밝혀냈습니다. 정확하게는 타이밍이 비즈니스 성공에 42% 영향을 준다고 합니다. 팀은 32%, 아이디어는 28%, 비즈니스 모델은 24%, 자금 조달은 14%라고 합니다.

빌 그로스는 에어비앤비나 우버 등을 예로 들어 설명합니다. 에어비앤비가 본격적으로 사업을 시작한 2008년은 2007년 서브프라임 모기지 사태로 경제가 매우 어려운 시기였습니다. 이때 사람들은 보유한 집을 공유용으로라도 써서 이자를 갚거나 집을 살리는 쪽을 선택했고, 이 타이밍에 에어비앤비가 적절한 솔루션이 되었다는 겁니다. 최근에 코로나 사태로 모두가 죽을 것 같았지만 이 타이밍에 ZOOM 같은 기업은 수십 배 성장을 했습니다.

**비즈니스 타이밍**은 크게 두 가지로 나뉩니다. 하나는 외부 타이밍, 다른 하나는 내부 타이밍입니다. **외부 타이밍**은 시장이나 고객이 우리의 제품이나 서비스를 받아들일 준비가 되어 있느냐 하는 겁니다. **내부 타이밍**은 우리가 그 제품이나 서비스를 개발하거나 제공할 준비가 되어 있느냐 하는 겁니다. 타이밍은 아직 준비되지 않은 Yet 단계, 곧 준비가 되는 Soon 단계, 준비가 다 된 Ready 단계로 나눌 수 있습니다. 이걸 3 by 3 매트릭스로 나타낼 수 있습니다.

| | | 내부 타이밍 | | |
|---|---|---|---|---|
| | | Yet | Soon | Ready |
| 외부 타이밍 | Yet | 전략 보고 | | |
| | Soon | | √기획 보고 | |
| | Ready | | | 계획 보고 |

기획 보고를 하기 가장 좋은 때는 두 타이밍이 곧 준비가 될 때 Soon입니다. 만약 내부 타이밍은 준비도 되지 않았는데Yet, 외부 타이밍이 곧 시작한다면Soon 이 일을 꼭 해야 하는지 의문이 들 수밖에 없습니다. 만약 내부 타이밍은 준비가 되지 않았는데Yet, 외부 타이밍은 이미 준비를 다 마쳤다면Ready 이 일을 하기에는 이미 늦은 단계입니다.

만약 내부 타이밍은 곧 준비가 끝나지만Soon 외부 타이밍은 아직 준비도 되지 않았다면 기획 보고를 하기에 너무 이릅니다. 내부 타이밍은 곧 준비가 끝나지만Soon 외부 타이밍은 이미 모든 준비를 완료했다면Ready 기획 보고를 하기에 이미 늦었다고 봐야 합니다.

이와 같은 식으로 생각을 해보면 내부 타이밍과 외부 타이밍 모두 준비가 되지 않았을 때는 전략 보고를 하는 게 좋습니다. 두 타이밍이 모두 곧 준비가 되려는 때에는 기획 보고를 하는 게 좋습니다. 투 타이밍이 모두 준비를 완료했을 때는 계획을 바로 세워 실행해야 하므로 계획 보고를 하는 게 좋습니다.

기획서에는 당연히 지금 해야 한다고 씁니다. 하지만 기획서를 검토할 때는 왜 지금 해야 하는지 의문을 해소해야 합니다. 기획서에 쓰지 않은 여러 타이밍에 대해 검토해야 기획이 완료됩니다.

셋째, "다른 회사는 왜 안 하는가Why doesn't they?"입니다. 누구나 뭔가를 시작할 때 늘 하는 말이 있습니다. 다른 사람도 한다는 겁니다. 다른 사람이 하면 우리도 해야 한다는 겁니다. 일단 경쟁사가 하면, 선진사가 하면, 선진국이 하면, 갑이 하면 나도 해야 한다는 겁니다.

남이 하니 나도 한다는 논리는 누구나 쉽게 씁니다. 하지만 제3자 입장에서 보면 남이 한다고 따라한다는 논리는 굉장히 무색한 논리입니다. 논리라고 부르기도 민망합니다. 상사는, 남이 하니 우리도 해야 한다는 말에 "그러면 안 하는 회사는 왜 안 하는가?"라고 물을 수밖에 없습니다.

하는 회사가 그 사업을 왜 하는지 알아내는 것도 쉽습니다. 그 회사 홈페이지만 봐도, 신년사만 봐도, 회사 소개 자료만 봐도, 공시하는 사업보고서만 봐도 그 회사가 그 사업을 왜 하는지 알 수 있습니다. 뭔가를 하면 대부분 언론 기사로도 나옵니다. 보도자료를 하도 많이 내기 때문에 대기업은 유행하는 건 거의 모두 다 한다고 보면 됩니다.

남이 한다는 말은 찾기 쉬워서 기획서에 잘 들어갑니다. 그러면 다 해야 하는 걸로 착각합니다. 그런데 그 사업을 안 하는 회사가 왜 그 사업을 안 하는지 이유를 알기는 무척 어렵습니다. 회사 내부에서 결정하고 정리한 일이므로 밖으로 잘 새어 나오지 않습니다. 자료를 찾기 어려우니 기획서에 넣을 것도 없습니다.

남이 한다는 것을 기획서에 넣으면 사례가 됩니다. 그래서 기획 초반에 사례를 많이 조사합니다. 하지만 남이 안 한다는 것은 사례가 아닙니다. 그래서 기획서에 남이 왜 안 하는지 넣을 수가 없어서 기획서에는 남이 한다는 말만 들어가게 됩니다.

이 문제를 해결하는 방법은 간단합니다. 기획서 목차에 처음부터 항목을 집어넣는 겁니다. "이 사업을 다른 회사가 하는 이유" 바로 밑에 "이 사업을 다른 회사가 안 하는 이유"를 넣고 두 항목을 똑 같은 비중으로 적으면 됩니다 파워포인트로 기획서를 쓴다면 둘 다 슬라이드 한 장씩 차지하게 하면 됩니다.

남이 안 하는 이유를 조사해보면 여러 가지가 나옵니다. 돈이 모자라서, 사람이 없어서, 시간이 없어서, 기술이 없어서, 의욕이 없어서 등이 나옵니다. 그 중에서 우리가 더 있거나 더 잘할 수 있는 것을 찾으면 그게 바로 핵심 경쟁력, 또는 차별화 요소가 됩니다. 결국 남이 왜 안 하는지 찾는 이유는 우리의 경쟁력을 알기 위해서입니다.

넷째, "우리가 안 하면 어떻게 되는가If we don't?"입니다. 우리가 하면 좋다는 말은 기획서에 단골로 등장합니다. 하면 좋겠죠. 하지만 안 하면 어떻게 되나요? 안 하면 어떻게 되는지는 기획서에 넣을 수 없습니다. 상사의 질문에 말로 대답해야 합니다.

서울대 최종훈 교수의 인생교훈이란 것이 있습니다. 다음과 같은 명언입니다.

- "갈까 말까 할 때는 가라."
- "살까 말까 할 때는 사지 마라."
- "말할까 말까 할 때는 말하지 마라."
- "줄까 말까 할 때는 줘라."
- "먹을까 말까 할 때는 먹지 마라."

결정이란 것이 무척 어렵지만 그것보다 더 어려운 것이 있습니다. 그런 결정을 안 하면 어떻게 되냐 하는 겁니다. 갈까 말까 할 때는 가라고 했는데, 안 가면 어떻게 되냐는 겁니다. 살까 말까 할 때는 사지 마라고 했는데 사면 어떻게 되냐는 겁니다. 어떤 사업을 꼭 해야 한다고 팀원이 강력히 주장하는데, 그 사업을 안 하면 어떻게 되냐는 겁니다.

이것은 기회비용과는 다릅니다. 같은 돈을 A사업과 B사업에 투자했는데 A사업은 말아먹고 B사업은 2배 이익을 봤습니다. 그러면 A사업에 투자한 돈을 B사업에 투자했다면 하는 기회비용이 산출됩니다. 그런데 우리가 이 사업을 안 하면 어떻게 되는가 하는 문제는 기회비용이 아닙니다. 처음부터 투자를 하느냐 마느냐의 문제이고, 투자를 하지 않으면 결과를 알 수 없는 문제입니다. 나중에 가서 "거 보세요. 그때 하자 그랬잖아요."라고 한들 비교 대상이 없으니 증명도 못 합니다.

게다가 상사의 인생교훈은 반대입니다. "투자할까 말까 할 때는 하지 마라."입니다. 왜냐하면 투자를 하기로 결정하거나 지지하는 순간 일정한 책임이 따르기 때문입니다. 만약 투자를 안 하면 아무 책임도 발생하지 않습니다. 그러니 투자를 안 하는 쪽으로 항상 기울기 마련입니다. 이미 기울어진 운동장에서 팀장은 기획을 보고해야 하는 상황입니다.


기울어진 운동장에서 논리를 따지는 것은 의미 없습니다. 기회비용도 얘기할 수 없는 상황에서 우리가 할 수 있는 일은 겁박뿐입니다. 시장 점유율이 빠진다, 고객이 외면한다, 회사가 망한다…

보고서, 말이 되게 써라

이런 겁박을 해야 합니다. 실제로 이런 사업이나 이런 기회를 잡지 못해서 망한 회사 얘기도 해야 합니다. 더 좋은 것은 동아줄을 잡는 겁니다. 회장님이 추진을 강력히 지시하셨다, 사장님이 자리를 걸고 약속하셨다… 같은 것이 동아줄입니다. 앞서 3가지 질문에는 논리가 통하지만, 이제부터 3가지 질문에는 논리가 안 먹힙니다. 정치력이 필요한 질문입니다.

다섯째, "우리가 할 수 있는가Can we?"입니다. 이 질문은 역량에 관한 것이 아닙니다. 역량은 이미 기획서 중간에서 다 증명되었습니다. 회사에 투자할 돈이 없는데 투자하라고 기획서 쓰지 않습니다. 회사에서 사람이 없는데 사람을 써서 일하겠다고 할 수는 없습니다.

의지나 각오를 묻는 질문도 아닙니다. 상사가 "우리가 할 수 있는가?"라고 질문했을 때 "예, 열심히 하겠습니다."라거나 "예. 각오가 되어 있습니다."라고 대답하는 것도 바른 대답이 아닙니다. 이런 의지나 각오는 신입사원 초창기에나 하는 겁니다.

상사가 "우리가 할 수 있는가?"라고 질문하면 "못합니다."라고 대답해야 합니다. 이때 앞에 조건을 붙이면 됩니다. "상사가 OO를 해주지 않으면 못합니다."라고 해야 합니다. 상사에게 역할을 주어야 한다는 말입니다. 이 일의 성공은 상사에게 달려있다는 것을 알려줘야 한다는 말입니다.

물론 상사가 아무 일 안 해도 기획서대로 일할 수 있을 겁니다. 그래도 상사의 역할을 찾아내야 합니다. 상사는 가만히 앉아서 자기 부서의 성공을 바라지는 않습니다. 부서가 성공했을 때 자기 덕이라는 말을 듣고 싶습니다. 또는 상사의 상사에게 그 말을 듣고 싶어합니다. 그러니 상사에게 역할을 주어야 하고, 상사가 어떤 일을 해줄 때 비로소 이 일을 우리가 할 수 있다고 대답해야 합니다.

마지막 여섯째, "누가 맡아서 해야 하는가Who lead?" 이 질문이 나왔다는 것은 이미 상사가 기획안을 거의 다 통과시켰다는 의미입니다. 그런데 많은 사람이 이 질문에 대한 답을 준비하지 않고 가곤 합니다. 그건 상사가 알아서 결정할 일이라고 보는 겁니다. 겸손의 의미로 나서지 않는 경우도 있고, 마땅히 누가 해야 할지 몰라서 답을 못하기도 합니다.

하지만 누가 해야 하는지를 분명하게 대답하지 않으면 상황이 굉장히 애매해집니다. 상사가, 보고자가 생각한 사람 말고 다른 사람을 적임자로 찍을 수 있습니다. 상사의 상사가 엉뚱한 사람에게 이 일을 줄 수도 있습니다.

물론 기획서에 적임자가 누군지 쓸 수도 있습니다. 하지만 기획서에 적힌 적임자도 하나의 안이므로 검토 과정에서 다른 사람으로 바뀔 수 있습니다. 기획서에 적은 대로 되지 않을 수 있으므로 이때를 대비해서 누가 맡아야 하는지 사전에 검토해야 합니다.

일단은 다른 후보를 검토하면 됩니다. 이 사업을 잘 성공시킬 수 있는지를 기준으로 두고 보고자가 생각한 적임자와 나머지 후보를 비교하는 표를 하나 만들면 됩니다. 상사가 "내 생각에는 ○○○ 과장 말고 ○○○ 차장이 맡는 게 나을 것 같은데?"라고 얘기하면 두 사람을 비교한 내용을 찬찬히 설명하면 됩니다.

다음으로 보고자가 생각한 책임자가 실제로 이 일을 실제로 담당할 건지 확인해야 합니다. 말로는 알았다고 해놓고 상사가 물어보면 얼버무리는 경우도 종종 있습니다. 확실히 책임지겠다는 말을 못 들었다면 차라리 상사에게 그 사람이 이 일을 담당하게 해달라고 요청하면 됩니다.

# 53 주간업무보고를 우선순위로 검토하자

중간 관리자는 대부분 매주 주간업무보고를 받습니다. 보고를 주 후반에 받을 때는 금주 실적, 차주 계획을 보고받습니다. 주초에 받을 때는 전주 실적, 금주 계획을 보고받습니다. 그런데 많은 중간 관리자가 주간업무보고를 제대로 검토 못합니다. 보통은 이렇게 합니다.

- "이 건은 매우 중요한 건입니다. 어떻게 진행되고 있나요?"
- "이 건은 언제 마무리되나요? 일정이 촉박합니다."

보고서, 말이 되게 써라

주간업무보고는 중요하고 긴급한 일을 확인하고 검토하는 자리가 아닙니다. 주간업무보고의 목적은 부서원이 중요하고 긴급한 일에 집중하고 전념하고 몰입하도록 하기 위해, 중요하지 않고 긴급하지 않은 일을 중간 관리자가 쳐내는 겁니다. 이걸 이해하려면 우선순위를 먼저 알아야 합니다.

우선순위는 무엇을 먼저 할 것인지 정하는 방법입니다. 가장 많이 알고 있는 것이 중요도 긴급도 매트릭스입니다. 중요하고 긴급한 일을 먼저 하라는 것으로 알고 있습니다. 하지만 이건 완전히 잘못 알고 있는 겁니다. 우선순위 매트릭스가 말하고자 하는 것은 중요하지 않거나 긴급하지 않은 일을 먼저 처리함으로써 딴생각하지 말고 중요하고 긴급한 일에 집중하라는 겁니다.

즉 중요하지도 않고 긴급하지도 않은 일을 없애는 것Delete이 1순위입니다. 2순위는 중요하지 않은데 긴급한 일을 다른 사람에게 위임하거나 몰아주는 겁니다Delegate. 3순위는 중요하지만 긴급하지 않은 일을 언제 할 것인지 결정하는 겁니다Decide. 이렇게 중요하지 않거나 긴급하지 않은 일을 다 처리하고 나면 결국 마지막으로 남은 중요하고 긴급한 일을 하면 되는 겁니다Do.

| | | 긴급도 | |
| --- | --- | --- | --- |
| | | 높다 | 낮다 |
| 중요도 | 높다 | DO<br>4순위 | Decide<br>3순위 |
| | 낮다 | Delegate<br>2순위 | Delete<br>1순위 |

똑같은 업무를 해도 집중해서 할 때와 딴생각하면서 할 때는 천지 차이입니다. 누구나 업무 하나에 집중하고 전념하고 몰입해야 생산성을 높일 수 있습니다. 그런데 많은 사람들이 업무를 하면서 중요하지도 않고 긴급하지도 않은 일 때문에 머릿속에 잡념이 가득해서 일을 잘 못합니다.

부서원이 매일 쓰는 To-Do 리스트나 매주 쓰는 주간업무보고서를 보면 몇 날 몇 주를 걸쳐 그냥 계속 남아 있는 일이 많습니다. 중요하지도 않고 긴급하지도 않지만 리스트에는 남아 있는 겁니다. 왜냐하면 Delete 하지도, Delegate 하지도, Decide 하지도 못했기 때문입니다.

중간 관리자가 주간업무보고를 받을 때 해야 할 일이 바로 이런 겁니다. 어차피 부서원은 중요하고 긴급한 일에 집중해서 일하려고 합니다. 하지만 중요하지도 않거나 긴급하지도 않은 일에 신경이 쓰여서 일에 집중 못하는 겁니다. 이런 걸 처리하는 게 바로 중간관리자의 주간업무보고 검토입니다.